_____ 님은 선물입니다.


웃음 넘치는 행복한 세상

함께 만들어요



_____ 드림

웃는 사람이
성공한다

# 웃는 사람이 성공한다

**초판 1쇄 인쇄일** 2020년 11월 27일
**초판 1쇄 발행일** 2020년 12월  4일

**지은이** 최원호
**펴낸이** 양옥매
**디자인** 임흥순 임진형
**교    정** 조준경

**펴낸곳** 도서출판 책과나무
**출판등록** 제2012-000376
**주소** 서울특별시 마포구 방울내로 79 이노빌딩 302호
**대표전화** 02.372.1537   팩스 02.372.1538
**이메일** booknamu2007@naver.com
**홈페이지** www.booknamu.com
ISBN 979-11-5776-974-2 (03320)

이 도서의 국립중앙도서관 출판예정도서목록(CIP)은
서지정보유통지원시스템 (http://seoji.nl.go.kr)와 국가자료종합목록시스템
(http://www.nl.go.kr/kolisnet)에서 이용하실 수 있습니다.
(CIP제어번호: CIP2020049961)

# 웃는 사람이
# 성공한다

최원호 지음

책과나무

# 웃음 넘치는
# 행복한 세상을 위해

세상에는 수많은 리더들이 있다. 그러나 모든 리더가 훌륭한 리더, 존경받는 리더인 것만은 아니다. 조직원을 배려하며 따뜻한 카리스마로 이끄는 리더는 많지 않기 때문이다. 그중에서도 조직원들에게 웃음을 줄 수 있는 리더야말로 이 시대가 요구하는 최고의 리더이다.

그러나 많은 사람들은 유머가 사회생활에 미치는 절대적인 효과에 대해 과소평가한다. 유머의 사회화 현상을 아예 무시해 버리는 사람들도 있다. 그리고 유머 감각은 타고나는 건데 훈련과 교육에 의해서 달라지겠느냐며 회의적인 시선을 보내는 사람들이 대부분이다.

펀 리더십 프로그램을 진행하는 동안 기업인부터 일반 주부에

이르기까지 수많은 사람들이 거쳐 갔는데, 한결같이 하시는 말씀은 유머 감각이 연습과 관심에 의해 길러진다는 사실을 몰랐다는 것이었다. 유머 감각은 누구나 훈련을 통해 삶에서 자연스레 발현될 수 있다. 다만 관심을 갖지 않은 탓에 개발되지 않았을 뿐이다.

나는 평소에 사람들에게 비유도 유머의 영역에 속하니 하고자 하는 내용에 유머를 붙여 보는 습관을 가져 보라고 입버릇처럼 말하고 있다. 시행착오를 두려워하지 말고 반복해 유머를 시도해 보는 것, 그것이 바로 유머의 시작이다.

국가경제가 어려워지면서 지금 대한민국 국민은 경제 위기에 봉착해 있다. 그리고 살다 보면 그 외에도 수많은 위기와 좌절을 만나게 마련이다. 부부 문제로, 자식 문제로, 고부 갈등으로, 취업 때문에, 질병 때문에, 마땅한 배우자를 만나지 못해서, 직장에서 인정받지 못해서 등등 삶을 힘들게 하는 이유는 많다. 그러나 그런 시련들을 이기게 하는 힘이 우리 안에 있다. 바로 웃음 에너지이다.

많은 사람들이 사업 혹은 개인의 위기를 극복하고 삶의 활력을 찾기 위해 내가 운영하는 '펀(Fun) 리더십 교육원'을 찾고 있다. 연령층도 다양해서 30~60대의 분들이 와서 교육을 듣고 있고, 그중에서 40~50대의 CEO들도 상당수를 차지한다.

많은 분들이 경쟁사회에서 힘겹게 자기 위치를 지키며 살아오다 보니 처음엔 유머를 어떻게 즐겨야 하는지도 모른다. 그러나 교육 과정을 하나씩 거치면서 함께 어울리고 타인을 배려하면서 순수함을 되찾게 되고 비로소 '즐거운 자아'를 회복하게 되는 걸 보면서 내 일에 보람을 느낀다.

2008년도부터 현재까지 많은 분들이 수료하셨다. 우리 교육원을 수료하신 분들이 "행복해졌다."는 말을 할 때나, "무뚝뚝한 아빠라고 아이들이 멀리했는데 펀 교육 덕분에 아이들에게 인기 만점의 아빠가 되었다."고 고마워하는 분을 볼 때, 그리고 덕분에 직원들의 애사심이 커졌다는 CEO의 인사를 들으면 내가 얼마나 보람 있는 일을 하고 있는지 새삼 깨닫게 된다.

세상의 모든 사람들에게는 반드시 유머가 필요하다. 그중에서도 생활고에 시달려 웃음을 잊고 사는 사람, 스트레스에 시달리는 사람, 삶의 무게에 짓눌려 있는 주부들, 웃음과 행복을 잃어버리고 살아가는 사람, 조직이나 단체의 리더들에게 유머와 웃음은 특히나 더 필요하다. 많은 훌륭한 리더들은 유머 감각을 갖춘 사람들이었으며, 또한 유머 감각이 뛰어난 사람들이 결국 훌륭한 리더가 될 수 있다. 펀 리더십 교육을 통해 그런 리더가 되도록 도와드릴 수 있어서 너무나 감사하다.

내가 웃을 수 있어야 남에게도 웃음을 줄 수 있다. 사람들은 자신은 잘 웃을 수 있는 사람임에도 불구하고 단지 바빠서 혹은 체면 때문에 웃지 못할 뿐이라고 착각한다. 그러나 그러는 사이

웃는 사람이 성공한다

자신이 점점 웃음과 멀어진다는 걸 알지 못한다. 적당한 타이밍에 자연스럽게 남에게 웃음을 줄 수 있는 유머 감각을 갖고 있다면 그 사람은 어떤 리더보다도 환영받고 조직을 보다 효과적으로 이끌 수 있을 것이다.

삶이 흔들리고 약해질 때, 세상에는 그걸 견디는 수많은 방법이 있다. 어두운 곳만 보려고 하면 더할 수 없이 어두우며, 밝게 보려고 하면 더할 수 없이 밝다. 밝은 에너지와 웃음 에너지를 가진 사람은 어떤 상황에서도 밝은 그림을 그릴 줄 안다. 그래서 웃음과 유머를 가진 사람이 삶을 보다 건강하게 헤쳐 나갈 수 있다.

유머는 결코 어려운 게 아니다. 유머는 바로 내 안에 있다. 단지 그걸 끄집어내지 못할 뿐이다. 따라서 나는 사람들이 이 책을 통해 유머를 접하면서 다른 사람들에게 유머를 활용하고 유머로 소통하면서 삶에 자신감을 얻고 보다 진일보한 리더의 삶을 살기를 바란다. 또한 웃음 넘치는 행복한 세상을 함께 만들어 나가기를 바란다.

"행복합니다, 고맙습니다, 사랑합니다!"

최원호

차례

# PART 1

# 성공의 기본 조건은
# 펀<sup>Fun</sup>이다

"도무지 출구를 찾을 수 없는 세상의 미로도
멀리 떨어져서 바라보면 밖으로 나가는 길이 쉽게 보이기 마련이다."

즐겁게 일하는 기업 문화는 구성원들의 스트레스를 줄이고 창의력과 업무 의욕을 증대를 가져와 장기적으로 보았을 때 기업에 큰 성과를 가져올 것이라고 분석하고 있다. 과거에는 직장에서 재미를 이야기하면, 그저 사적인 영역으로만 치부해 버리는 경우가 많았다. 하지만 최근, 과거 기업에서는 그리 중요하게 여겨지지 않았던 펀(Fun)이란 요소가 새로운 경영의 키워드로 자리를 잡아 가면서 기업 경영의 현장에서 크게 주목을 받고 있다.

그러나 펀을 단순히 웃고 즐기는 것으로 보는 경향이 있는데, 펀은 이보다 훨씬 더 넓고 깊은 차원의 것으로서, 펀의 기본은 사람을 소중히 생각하는 것에서부터 출발한다. 즉, 펀의 요체는 사람이며, 펀 경영은 사람 경영, 인재 경영의 또 다른 표현이라고 할 수 있다. 펀 경영은 재미를 단순한 흥미 차원이 아닌 삶의 에너지로 바꿈으로써 직원들의 기를 살리고 일할 맛 나는 직장을 만들어 직원들의 자발적인 참여와 헌신, 창의력을 이끌어 내는 경영을 일컫는다.

권위를 내던지고 웃음을 회사에 퍼트려 '신바람 나는 직장 분위기'를 창조하기 위한 경영을 '펀 경영'이라고 한다. "웃으면 복이 온다."라는 말이 이제는 "웃어야 산다."는 말로 대체되는 시대가 되고 있다. 특히, 생존 경쟁이 치열한 기업과 직장인의 세계에서는 웃음이 경쟁력의 요체로 떠올랐다.


## 펀 경영의 기본 정신

펀(FUN)은 F(Fun: 신나게), U(Unique: 독특하게), N(Nurturing: 보살펴라)의 줄임말, 즉 웃음 경영을 이르는 말로 1990년대 초 미국 기업들을 중심으로 직원들에게 유머 훈련을 받게 해 직장 분위기를 밝게 만들자는 아이디어에서 출발한 경영 체제다.

조직 구성원들이 자신의 직장에 대해 어떤 생각을 갖고 어떤 자세로 업무에 임하느냐에 따라 기업의 경쟁력이 결정되며, 이때 기업의 경쟁력은 조직 구성원들과 경영진의 신뢰가 높고 함께 일하는 동료들과의 관계에서 재미를 느낄 때 향상되는 조직의 성과를 통해 확인할 수 있다는 것이다. 인재 중시 측면에서는 재미있는 일터와 훌륭한 일터(GreatWorkPlace)를 구현할 수 있는 유머 경영에 대한 구체적인 자료를 제공하고 이와 더불어 웃음의 중요성을 부각시키고 있다.

이러한 펀 경영(Fun Management)의 핵심 개념이 많은 기업들에게 공감을 주고 있다. 일터에서 다양한 즐거움을 찾는 펀 경영은 국내에도 전파되어 '신바람 일터 만들기', '행복 경영', '직원

만족 경영', '유머경영' 등 다양한 이름으로 추진되고 있다. 이러한 펀 경영의 핵심은 경영의 다양한 분야에 스며들어 있으며 그 수는 헤아릴 수 없을 정도로 많은 전략과 전술이 사용되고 있다.

펀 경영이 최근 특별히 주목을 받고 있는 배경은 기업의 내외적인 환경 변화 때문이라 할 수 있다. 환경 변화가 빨리 이루어지다 보니, 조직 구성원들은 더 많이 학습해야 하고 새로운 환경에 적응해야 하며, 이러한 과정에서 과중한 정신적 스트레스 상황에 노출될 수밖에 없다.

스트레스는 두뇌를 활용하는 지식근로자의 성과에 매우 치명적이다. 따라서 이러한 스트레스 해소를 위해서는 즐거운 업무 분위기의 기업 문화가 필요하다. 이는 조직 구성원들의 신체와 정신 건강에 긍정적인 영향을 미칠 뿐만 아니라 업무에서 오는 스트레스를 감소시켜 구성원들의 창의성을 높이고 업무의 지루함을 가장 효과적으로 다룸으로써 조직의 성과를 높일 수 있기 때문이다.

이런 여러 가지 요인으로 인해 경직되고 무거우며 심각한 것을 회피하는 대신 부드럽고 오락적인 것을 추구하는 성향이 짙어지고 있다. 즉, 감성 중심의 문화가 형성되고 있다. 감성 문화는 이성이나 논리보다는 '느낌'과 '이미지'를 중요하게 생각한다. 그래서 이제는 느낌으로 존재하는 문화가 형성되었고, IQ

보다는 EQ가 중요시되고 있다.

이는 이성적이기보다 여성적인 감성 중심의 성향이 더욱 강해진다는 의미이다. 또한 조직 문화가 여성성의 증대로 남성성과 여성성이 공존하는 시대가 도래했다는 것이다. 이러한 감성의 시대에 가장 적합한 리더십은 바로 '펀 리더십'이다. 펀 리더십은 서번트 리더십, 감성 리더십 등과 유사한 개념으로 미래에는 보스형 CEO가 아니라 코치형 CEO의 시대, 펀 리더의 시대, 상사가 아닌 부하의 리더십 비중이 커지는 사회가 될 것이라고 한다.

펀 경영 등과 관련된 환경하에서 진정한 리더십이란 윽박지르고 권위를 내세우는 것이 아니라, 상대방을 배려함으로써 상대방으로 하여금 진심으로 우러나는 존경심으로 스스로 따르게 하는 것이다. 회사 내에서 조직 구성원들이 자신의 존재 가치를 찾고 신바람 나서 일할 수 있도록 하는 것, 그리고 그러한 조직을 만들어 갈 때 펀 리더십을 발휘한다고 할 수 있다.

최근 리더십이 부각되면서 리더십이 '두려운 칼'이 아닌 '부드러운 미소'를 지닌 인물이 되어야 한다고 하면서, 평상시에는 풍부한 유머 감각으로 조직의 분위기를 활기차게 이끌지만 '선택과 집중' 앞에서는 단호한 리더십을 발휘할 줄 아는 펀 리더십이 필요하다.

웃는 사람이 성공한다

## ☻ 죽기 전 한마디

작은 가게를 운영하고 있는 유태인이 병이 깊어져 운명의 시간을 맞고 있었다. 그의 곁에는 식구들이 근심스럽게 지켜보고 있었다. 남자가 힘겹게 입을 열었다.

"여보, 당신 어디 있소?"

환자의 말에 가족들은 유언이라도 하려나 해서 귀를 기울였다. 남자의 아내가 대답했다.

"예, 나 여기 있어요."

남자는 다시 입을 열어 가족을 돌아가며 찾았다.

"딸애는 어디 있느냐?"

"예, 아빠, 여기 있어요."

"큰아들은 어디 있느냐?"

"예, 아버지 저도 여기 있어요."

"작은아들은?"

"예, 저 여기 있어요."

그러자 환자는 마지막으로 이 말을 남겼다.

"그러면 가게는 누가 보고 있단 말이냐?"

# 펀 경영의 배경

펀 관리는 1990년대 후반부터 미국에서 시작되어 2000년대에 주목받기 시작한 경영 기법으로, '재미있는 기업이 재미를 본다'는 재미 추구 성향은 소비에서뿐만 아니라 사회·문화 등 여러 분야에서 나타나고 있다. 최근 들어 사회적 코드로 펀이 부상하는 이유에 대해 펀(Fun)하게 생각할 필요가 있다.

인구경제학자 린다 나자레스는 "20세기 시대정신이 근면과 성실이었다면 21세기 시대정신은 행복과 재미"라고 했다. 이는 어떻게 하면 행복하고 즐겁게 살아갈 수 있을까를 고민하는 측면에서 볼 때 21세기는 '락(樂)의 시대'로 재미와 행복이라는 가치를 추구하는 기업만이 '지속 가능한 기업'이 될 수 있다는 것처럼, 웃음과 재미가 새로운 기업 문화로 부상하고 있는 사회적 방향성을 가늠할 수 있을 것이다.

이처럼 요즈음 국내 기업 경영 추세 중 하나는 '즐겁게 일하는 직장 만들기'이다. 기업의 구성원들이 즐겁게 일할 때 장기적으로 좋은 성과를 거둘 수 있다는 생각이 커지면서 이른바 '펀 경영'으로 통칭되는 조직 문화가 자리 잡아 가고 있는 것이다. 이미 이런 추세는 국내 유수의 대기업들을 시작으로 관공서, 중소기업 등으로 빠르게 확산되고 있으며, 실제로 성과를 경험한 기업들도 어렵지 않게 찾을 수 있다.

오늘날 21세기는 스스로 변화하지 않으면 살아남을 수 없는 무한경쟁의 시대다. 그 경쟁의 한복판인 시장에서 우리 기업들이 살아남기 위한 노력은 매 순간 살얼음판을 걷는 기분일지도 모른다. 이러한 분위기에서 과거의 상명하복식 관리로는 더 이상 무한경쟁 시대에서 생존할 수 없다.

무엇보다 조직 구성들에게 급변하는 경영 환경에 효과적으로 대처할 수 있고, 조직 구성원들이 자발적·의욕적으로 역량 발휘를 극대화하고 몰입할 수 있는 환경을 조성해 주는 것이 리더의 역할이라 생각한다. 조직 구성원들이 좋은 환경을 바탕으로 지속적으로 탁월한 역량을 발휘하게 된다면, 조직 목표나 성과는 저절로 달성되리라 생각한다.

또한 리더에게 가장 소중한 대상은 조직의 성과나 이익 이전에 구성원 자체여야 한다. 사람을 소중하게 여기는 마음 없이는 감성 리더가 될 수 없다. 그래서 인재는 단순한 인재가 아니라 인재(人財)여야 하는 것이다. 사회의 조직에서는 이성만으로는 풀 수 없는 복잡 미묘한 상황이 전개되는데, 시간이 촉박하여 모든 자료를 충분히 검토할 수 없는 경우도 비일비재하다. 따라서 리더는 감성적 능력을 갖추고 있어야 한다는 결론을 얻게 되었던 것이다.

또한 기업의 내외적인 환경 변화로 인해 업무 영역이 보다 전문화되고 다양해지고 있어 즐겁게 일하는 조직 문화는 구성원들의 스트레스를 줄이고 창의력과 업무 의욕 고취로 인해 기업 성과 향상을 위해, 엄숙하고 관료적인 조직에서 즐거움과 재미라는 삶의 활력을 불어넣을 수 있는 경영 기법으로서 펀 관리 활동의 필요성이 증대되고 있다.

## 신바람 나는 직장으로 생산성을 올려라

펀(Fun)의 경영학적 의미는 권위를 벗어던지고 '신바람 나는 직장' 분위기를 창조하는 경영을 말한다. 펀 경영은 리더에 대한 신뢰를 바탕으로 일과 회사에 대해 자부심을 가지고 일할 맛 나는 직장에서 동료와 함께 일하는 즐거움과 재미를 느끼도록 의도적으로 부추기는 경영 기법으로서, 펀 경영의 궁극적인 목적은 직장 내 활기와 즐거움을 넘치게 하여 회사의 생산성을 높이자는 것이다. 즉, 펀 경영은 '사람 경영', '인재 경영'의 또 다른 표현이라고 할 수 있다.

펀(Fun)의 사전적 의미는 재미, 장난, 놀이, 희롱, 재미있는 것 등으로 표현되며, 개인·가정·직장에서 사용하기에 따라 그 의미는 차이가 있지만 기본적으로 즐겁고 재미가 넘쳐야 진정한 펀이라고 할 수 있다.

여기서 즐거움과 재미는 감정·태도·기쁨·내적 동기와 유사한 개념으로, 즐거움은 자신의 목적과 긍정적인 지각 상황과 관련된 행동을 수행하도록 이끄는 최적의 심리 상태를 말하고, 재미는 과제 활동 시 느끼는 긍정적인 정서적인 반응으로서 내외적 차원과 성취·비성취 차원을 모두 포함하는 개념이다.

이러한 펀 경영은 기업과 종사자와 고객이 모두 즐거울 때 생산성이 증대될 수 있다는 인식에서부터 출발한다. 일을 즐기면서 열정적으로 매달릴 때 조직 분위기가 크게 바뀌어 결국 경영 효과가 극대화될 수 있기 때문이다.

펀 경영의 요점은 기업의 최고 고객은 바로 함께 일하고 있는 직원들이며, 직원들이 만족해야 고객 또한 만족할 수 있다는 마인드이다. 이는 직장 일에 재미를 느끼지 못하는 직원은 고객도 만족시킬 수 없기 때문에, 외부 고객을 만족시키기 위해서는 먼저 직원부터 만족시켜야 한다는 논리이다.


## 펀 경영의 사례

펀(Fun) 경영의 궁극적 목적은 '일하기 좋은 회사'를 만드는 것이다. 오늘날 각국의 기업들은 '일하기 좋은 회사'를 만들기 위해 많은 프로그램을 도입하여 운영하고 있으며, 실제로 그 성과를 내고 있는 회사들이 다수 존재한다. 먼저 외국 기업과 국내의 사례를 통해 펀 경영을 위해 노력하고 있는 기업이 늘고 있음을 살펴보고자 한다.

미국에서는 1980년대 이후 일하기 좋은 곳에 대한 연구가 활발하게 일어났다. 이 분야에서 선구자라 할 수 있는 로버트 레버링 박사는 1980년대 초 미국 경제 불황 속에서 안정적인 이익을 내는 기업의 특징을 찾는 연구를 시작했다. 그 결과 상사에 대한 신뢰와 업무에 대한 자부심, 즐겁게 일하는 동료애가 공통 요소이며, 이를 갖춘 기업이 일하기 좋은 기업(GWP: Great Work Place)이라고 결론지었다.

이후 기업의 GWP 수준을 진단하는 도구로 신뢰경영지수가 개발됐고, 1998년부터는 포춘과 함께 일하기 좋은 100대 기업을 발표하고 있다. 이후 포춘이 매년 선정하는 100대 기업의 경영 철학과 관리 방식은 많은 기업들의 벤치마킹 대상이 됐다. 이렇듯 GWP는 큰 반향을 일으켰고 세계적인 관심을 불러일으키며 기업 문화를 조성하는 하나의 트렌드로 자리 잡았다.

GWP는 개인보다 조직 단위의 건강한 일터에 초점을 맞춘다. 그리고 전체 조직 구성원 중 자신의 회사를 일하기 좋은 곳이라고 생각하는 직원의 비중을 평가한다. 직업 훈련이나 보상 외에도 직장 분위기와 자부심, 소통, 상사에 대한 평가 등을 고르게 반영한다.

구글이나 SAS(Statical Analysis System), 보스턴컨설팅그룹 등은

GWP 조사에서 매년 최고의 직장으로 꼽히면서 이미 꿈의 직장으로 정평이 나 있다. GWP 기업들은 100대 기업에 속하지 않은 기업들보다 재무 성과는 물론 조직의 효율성이나 고객 만족도 등 여러 분야에서 뛰어난 것으로 평가받는다. 글래스도어도 6년째 일하기 좋은 최고의 기업을 발표하고 있다. 오로지 직원들을 대상으로 한 조사 결과에 따라 이뤄지고 있어 직장인들 사이에서는 폭발적인 반응을 얻고 있다.

국내에도 평가 역사는 13년 정도로 짧지만 매년 일하기 좋은 기업을 선정한다. 하지만 다른 나라의 GWP와 달리 1등부터 100등까지 순위를 매기지 않는다. 순위를 매기게 되면 참여도가 떨어지기 때문이다. 이런 특징은 다른 아시아 국가들에서도 나타난다. 중국 역시 비슷한 이유로 순위를 매기지 않고 있다. 대신 일정 점수를 넘은 기업들을 묶어 좋은 기업으로 발표한다. 참여 기업도 아직은 현저히 적다.

GWP는 기업에서 자발적인 신청을 받아 심사를 거치는데, 내부 구성원들이 직접 조사에 참여해야 하는 만큼 전사적인 차원의 결정이 필요하다. 미국 등 선진국에서는 수백 개 기업들이 신청하기 때문에 100위권 진입이 의미가 있지만, 한국은 신청 기업 수 자체가 적다. 이에 따라 2012년에는 47개사, 2015년은 52개사만 선정됐다. 응모하는 모집단이 작다 보니 100대 기업이 추려지려면 시간이 좀 더 필요해 보인다.

이는 그만큼 한국의 기업 문화가 경직돼 있음을 보여 준다. 자사의 매력적인 기업 문화를 알리기 위해 적극적으로 나서는 기업이 많지 않고 익히 좋은 기업 문화로 소문난 정보기술(IT) 기업들도 리스트에서 찾아보기 힘들다. 대기업과 금융사, 공기업 등 그나마 복지수준이 높은 기업들이 주로 참여한다.

하지만 기업 문화를 중시하는 기업들이 늘어나고 신청 기업도 증가하면서 과거보다 기업들의 인식이 많이 개선되고 있다. 선정 리스트가 축적되면서 미국의 구글이나 SAS처럼 지속적으로 상위권에 드는 기업들도 있다. 현대해상과 신한카드, 부산은행, 신한은행, 롯데백화점 등은 수년 연속 대상을 차지했다.

홍석현 GWP 코리아 팀장은 "한국 등 아시아 기업들은 조직구조가 수직적이다 보니 아직은 참여도가 낮은 편"이라며 "하지만 기업 문화에 대한 관심이 빠르게 확산되고 있어 머지않은 장래에 선진국과 같은 리스트를 만들 수 있을 것으로 보인다."라고 말했다.


1) 외국 사례


• 구글: 파격적인 복지·업무제도와 자유로운 조직 문화

구글은 지난해 이어 5년 연속 미국에서 가장 일하기 좋은 직장으로 선정되었다. 구글 회사가 유명세를 타게 된 결정적인 계기는 파격적인 복지제도

로, 직원들 86%가 자신의 일자리에 만족하거나 충분히 만족한다고 응답했다. 구글플렉스는 구글의 생각을 가장 잘 대변해 주는 공간으로 구내식당, 세탁소, 휘트니센터 등의 공간을 무료로 자유롭게 이용할 수 있다. 이는 구글의 두 창업자 래리 페이지와 세르게이브린의 '직원이 행복해야 생산성도 최고'라는 신념에 따른 것으로, 직원들이 존중받는다는 느낌을 갖게 함으로써 일을 의욕적으로 하게 한다.

두 번째, 구글의 파격적인 업무제도 중 하나인 '20% 프로젝트'이다. 하루 근무 시간의 20%인 1시간 30분은 업무를 하지 않는 것으로, 선택이 아닌 강제 의무이다. 이때는 자신의 업무를 중단하고 자신이 하고 싶은 일을 하며, 이 시간은 꼭 하루에 쓰지 않아도 되고 일주일 치를 모아서 써도 된다. 20% 프로젝트가 인정받는 이유는 지메일이나 구글어스 같은 혁신적 성과가 모두 이 시간에 이뤄졌다는 데 있다.

'직원들에게 혁신적인 시간을 제공'하는 20%의 시간에는 정말 괴상한 아이디어라도 자기 마음대로 실행한다. 인력이 필요하면 마음 맞는 직원끼리 협력하고, 어느 정도 성과가 나오면 보고서를 올린다. 이게 승인을 받으면 80% 프로젝트로 넘어가게 되는데, 업무 시간의 80%를 쓰는 것이기 때문에 이때부터는 정식 업무가 되는 것이다. 회사의 혁신적 아이디어를 키우는 중요한 원동력인 것이다.

셋째는 자유로운 조직 문화다. 구글플렉스를 둘러본 사람들은 마치 하나의 대학 캠퍼스 같다는 느낌을 받는다. 구내식당에는 부서를 불문하고 엔지니어, 마케터, 회사 안내원 등이 모두 한자리에 앉아 밥을 먹고 대화를 나누기 때문에 서로 다른 부서의 직원들이 언제든 자신의 일에 대해 이야기하는 모습을 볼 수 있다. 심지어 CEO도 식판을 들고 줄을 서면서 직원들과 구글의 경영 철학에 대해 논하기도 한다.

구글 본사에서는 새벽 3시까지도 토론하는 모습을 볼 수 있는데, 이는 직원들이 회사를 떠나 있기보다는 구글플렉스 안에 있는 것을 즐기기 때문이라고 한다. 어떻게 자유스러우면서 효율성 있고 체계적으로 일할 수 있느냐는 질문에 CEO는 구글스러운 사람만 뽑는다고 대답했다는데, 실제로 구글에서는 면접만 총 10차례 이상 하는 장기간의 채용 면접을 거쳐 탄생한 사람이 '구글러'가 된다고 한다.

• SAS(Statical Analysis System): 다양한 복지 혜택을 동일하게

SAS는 비즈니스 정보 분석 소프트웨어를 개발하는 기업으로, 전 세계 고급 분석소프트웨어 부분에서 시장점유율 1위를 달리고 있다. 국내에서는 생소한 이름이지만 IT 업계 종사자들 사이에서는 아주 잘 알려진 기업이며, 「포춘」이 선정한 2014년 세계에서 가장 일하기 좋은 기업 2위에 선정되었다. 1998년 창업한 구글의 복지제도는 1976년 창업한 SAS에서 따왔다는 말이 있을 정도로 SAS는 오랜 기간 전 세계 구직자들에게 선망의 기업이다.

SAS의 복지 경영은 "행복한 소가 양질의 우유를 만든다.", "직원을 대우하는 만큼 그 직원은 회사에 기여한다."는 짐 굿나잇의 CEO 신념에서 비롯됐다고 한다. 또한 철저하게 직원 위주로 시스템이 만들어진 탓에 정년퇴

웃는 사람이 성공한다

직이 없어 6천여 명의 직원 가운데 무려 3분의 1 정도가 50세가 넘지만 창업 후 2013년까지 37년 동안 단 한 번도 매출 증가세가 꺾인 적이 없다고 한다.

직원을 존중하고 배려하는 것이 기업 문화로 자리 잡고 있는 것이 SAS의 업무 환경이라고 할 수 있다. 무엇보다 SAS에서 가장 주목해 볼 풍경은 '직원 간의 평등'이다. CEO부터 말단 직원까지 1인 1사무실을 갖는데, 놀랍게도 크기가 모두 같다고 한다. 또, 청소하는 직원부터 이발사, 정원사, 보육교사까지 모두 정규직 직원으로 채용하여 비정규직 직원은 단 한 명도 없다.

이렇듯 다양한 복지 혜택을 동일하게 이용할 수 있다는 것과 '직원을 대우하는 만큼 그 직원은 회사에 기여한다'는 것에 맞게, '고객은 행복한 직원이 만든 제품을 원한다'는 원칙하에 직원 감동을 실천하는 펀 경영 철학으로 즐거운 일터를 만들어 가고 있다.

## 2) 국내 사례

### • 이노레드: 기분 좋은 혁신을 이끌어 가는 사람들

이노레드는 디지털 마케팅 광고 대행사로, 직원 수가 55명뿐인 작은 기업이다. 30대 중반의 CEO가 이끄는 이 회사가 창업한 지 불과 5년 만에 매출 100억 원 돌파를 바라보고 있다. 광고업계에서 불문율로 통하는 높은 이직률, 상습적 야근과 휴일근무 등이 이노레드에서는 드문 일로, 그 비밀에는

'구성원을 행복하게 만들어 주어야 한다'는 조직 문화의 기본 원칙을 지키는 것에서 시작된다고 한다.

CEO 룸 벽에 붙어 있는 "나는 이노레드에게 개그맨이다."라는 메모는 구성원에게 행복을 전하는 CEO가 되겠다는 의지가 엿보이는 부분이다. 또한 사원 행복이 곧 경쟁력이라 생각하고, 지각데이, 조기퇴근제 등의 실시로 상상력과 창조적 아이디어가 어느 회사도 따라올 수 없는 조직 문화를 가지고 있다.

이노레드에는 구성원을 전인격적인 존재로 바라보고 Body(건강과 근무 환경), Heart(컨디션 조절), Drive(사내지식의 공유), Spirit(마음속 깊은 이야기 전달) 관점에서 사내 복지제도를 설계하여 운영하고 있다. 건강과 근무 환경, 감정적 컨디션, 업무에 대한 집중력과 정신력 그리고 목표 의식 등 '딜리노(Delino)'의 하나부터 열까지 회사가 책임지겠다는 것이다. 여기서 딜리노는 이노레드의 구성원을 부르는 말로 '기분 좋은 혁신을 이끌어 가는 사람들'이라는 의미다.

이처럼 이노레드는 구성원의 세세한 부분까지 구석구석 챙기지만 과연 제도만 그럴싸한가 하는 의문이 들 수 있다. 그러나 이노레드의 조직 문화 동력의 핵심을 찾아가 보면 그 답을 알 수 있다. 직원 모두에게 한 개 이상의 책임을 부여, 동료를 위해 자신이 도울 수 있는 행동을 찾아가도록 하고 있는 것이다. 또한 6개월에 한 번씩 로테이션으로 담당 업무를 바꾸고 있다. 예를 들면 화분 물 주기, 아침 체조, 음악 담당과 같은 업무를 세분화시키고 있는데, CEO나 팀장, 부장도 예외가 없다.

웃는 사람이 성공한다

이렇듯 이노레드는 진정으로 직원의 행복을 찾고자 하고 이를 실천하고 있기에 작년 여름 업계 관계자를 대상으로 진행된 리서치에서 '가장 크리에이티브한 디지털 에이전시 1위'로 선정되었다. 그뿐 아니라 세계 TOP 5 광고업체 두 곳으로부터 인수 제의를 받을 정도로 유명세를 타고 있다. 투철하고 확고한 경영철학을 기반으로 100년의 역사를 구축하고 있는 여타 글로벌 기업과 비슷한 길을 가고 있는 이노레드가 앞으로 얼마만큼 더 성장하게 될지 주목해야 할 것이다.

- **현대해상: 함께 일하는 재미가 있는 기업**

6년 연속 '대한민국 일하기 좋은 기업' 대상을 수상했다. 즉 높은 신뢰와 이를 바탕으로 일과 조직에 대한 강한 자부심, 동료들 간에 배려와 협력으로 함께 일하는 재미가 있는 기업이다.

현대해상에는 먼저 '칭찬'을 통해 직원들 사기를 북돋아 주는 사내제도가 있다. 서로가 서로에게 격려와 칭찬을 통해 직원들 서로가 높은 신뢰를 유지할 수 있다. 또한 케이크 만들기 체험이나 바리스타 체험처럼 다양한 테마 활동들을 통해 임직원들과 함께 소통할 기회를 제공함으로써 높은 신뢰를 쌓을 수 있다.

두 번째는 많은 복리후생 시스템이 준비되어 있다는 점이다. 신입사원 가족 초청 행사나 입사 기념식수, 타임캡슐, 발령 100일 행사 등으로 사기 진작뿐만 아니라 멘토링제도, 입사 3년차 해외 연수나 동호회 지원, 오전 근무 후 조기 퇴근제도 등이다.

세 번째는 재미이다. 분기에 한 번은 각 분야의 저명한 강사를 초청해 특강 콘서트가 열리고, '틔움교실', '사소한 고백' 같은 다양한 사회 공헌 활동들에 직원들도 함께 참가할 수 있고 도움을 줄 수도 있다. 이 때문에 직원들은 회사에 다니는 동안 재미와 감동도 얻을 수 있다.

• **여행박사: 튀는 이벤트, 독특한 문화, 신바람 나는 일터**

2000년 250만 원과 3명의 직원으로 창립한 여행박사(대표 신창연)의 경영 철학은 '고객도 직원도 즐거워야 한다'는 펀(Fun) 경영이다. 여행박사에서는 20%가량의 직원이 회사 사옥에서 사는데, 출퇴근 거리가 3시간이 넘으면 사옥에 들어갈 수 있다. 정년도 해고도 없으며, 툭하면 이런저런 명목으로 인센티브를 지급한다. 사장이 경영 이득에 대해 관여하거나 챙겨 가지 않으니, 이익이 생기면 직원들이 알아서 나눠 가지면 된다.

여행박사가 '신바람' 나는 일터로 업계에 알려진 이유는 복지제도 외에 업무에서 자기결정권이 크고, 자유롭게 의견을 개진할 수 있는 수평적인 조직 문화가 그 중심에 있다고 한다. 자유롭고 수평적인 조직 문화의 토대는 구성원 상호 간의 신뢰를 바탕으로 이뤄지고, 사소한 약속이라도 가볍게 여기지 않는다.

또한 입사에 대표나 임원들이 관여하지 않는다는 것, 학력란은 기재할 수 없게 되어 있다는 것, 그리고 팀장 등 간부는 직선제로 뽑는다는 것, 연임을 위해서는 2년차 60%, 3년차 70%의 지지를 받아야 한다는 것 등이 수평적인 조직 문화 구성에 한몫한다.

18대 대통령 선거에 전 직원 200명이 투표에 참여하면 1인당 50만원 씩 총 1억 원의 용돈을 지급하겠다고 공약했던 약속을 지켰다. 신 사장은 펀 경영의 일환으로 2010년부터 선거 장려 용돈 이벤트를 실시하는 등, 회사가 재미있으면 성과가 따라온다고 믿고 있다. 그의 철학이 묻어나는 '튀는' 이벤트, '독특한' 문화는 선거에만 국한되지 않는다.

승진부터 사원 투표로 결정한다. 3년이 되면 대리가 되지만 그 이상의 승진은 투표자와 50% 이상의 찬성을 얻어야 가능하다. 다른 회사가 부러워할 프로그램으로 10~15명씩 팀을 구성해 돌아가면서 한 달에도 1~2차례씩 해외여행을 떠난다. 또 1년에 한 차례씩 전 직원이 가족 1인을 동반해 무료로 해외여행을 다녀오는 행사도 진행 중이다.

골프, 마라톤, 등산, 스키 등 활동비도 지원하는 실적을 인정받아 문화체육관광부로부터 '즐거운 직장, 행복한 기업' 인증과 장관표창을 받았다. 신 사장은 직원들이 번 돈을 어디에 쓸지 스스로 정하기 때문에 무조건 복지혜택이 있다고 좋아하지도 않고, 회사에서 '방향'과 '당근'을 제시하면 성과는 자연스럽게 따라온다고 주장한다.

• **동양전자공업㈜: 웃음꽃이 활짝 피는 신바람 나는 회사**

4차 정보통신 혁명이 화두라고 하지만, 18세기에 일어난 산업혁명 이래 변하지 않는 것은 인력을 대체한 기계 동력의 시대가 계속 이어지고 있다는 사실이다. 기계 동력의 꽃은 모터다. 전력을 받아 회전운동을 일으키고, 그 힘으로 산업사회의 모든 기계장치가 작동한다.

무인전기자동차를 비롯한 최첨단 기계장치도 모터는 반드시 필요하다. 모터의 핵심 부품은 고정자와 회전자의 조합인 모터코어다. 동양전자공업㈜는 모터코어 핵심 부품(고정자, 회전자)의 대한민국 대표 기업이다.

최철호 대표이사가 1996년 5월에 동양전자공업㈜를 법인 설립 후 얼마 되지 않아 IMF와 함께 시련이 찾아왔다. 20여 개의 거래처 가운데 상위 3개 업체 중 한 업체는 부도가 났고, 한 업체는 물량을 10분의 1 수준으로 줄였다. 남은 한 업체는 외주 물량을 모두 직접 소화하기로 방침을 바꾸는 바람에 매출액 80%가 사라져 버렸다.

최철호 대표이사는 위기를 맞을 때마다 "잘될 것이다."라는 긍정적인 사고로 한 걸음씩 차근차근 나아가며 협력업체의 임가공 하청을 벗어나면 된다는 결론을 내렸다. 시장 상황은 좋지 않지만, 제품 생산을 위한 라인 확장에 더 공격적으로 투자했다. 삼위일체의 유기적인 제조를 통한 4개 제조사업부와의 유기적인 관계는 동양전자공업의 기술력과 결합되어 최고의 코어 제품을 생산해 냈다.

프레스 사업부와 금형 사업부, 다이캐스팅 사업부는 동양전자공업의 핵심을 이루고 있는 사업부로 프레스 사업부는 정밀한 코어를 생산하기 위해 발달된 금형기술로 금형 내에서 자동 Straight Type, Index Type, Skew Type, 기타 등 정밀코어를 생산하고 있다.

금형 사업부는 프레스 타발 공정과 다이캐스팅에 사용하는 금형을 기본적인 Maintenance(기계 등을 정기적으로 점검·보수)하는 공정으로 코어의 치명적인 불량 요인을 사전에 예방 점검 및 수리하고, 제조하여 최고의 목표를

웃는 사람이 성공한다

달성하게 한다.

또한 다이캐스팅 사업부는 주조기술의 발전으로 피주조물인 회전자 코어의 내외경 변형을 방지하여 다이캐스팅 후 내경 및 외경 절삭가공을 하지 않고 사용하는 Pin Point 방식 3단 유압금형을 채택하여 고객의 원가 절감에도 기여하고 있다.

그리고 다품종 소량생산의 환경 때문에 고객을 갖추기 위해 용접 자동화 라인 생산도 추가적으로 할 수 있도록 완벽하게 준비하여 생산하고 있다. 이러한 기술력은 이미 국내 최고의 경쟁력을 갖추고 있는 것이며, 이는 약 160여 개에 달하는 협력업체가 그 위용을 말해 주고 있다.

또한, 더욱더 집중적으로 종업원 중심의 펀(FUN) 경영으로 종업원의 복리후생과 펀 교육 등에 투자하여 2002년부터 대기업 하청에서 벗어나 자체 상품만으로 시장에 도전했다. 그리고 신속한 의사결정 구조로 전 직원 회의는 1년에 한 번만 하고, 최대한 자율권을 주며 '웃음꽃이 활짝 피는 신바람 나는 회사'로 직원의 신뢰를 근간으로 위기를 기회로 바꾸는 펀 경영을 할 수 있었다.

준비된 자가 위기에서 한발 앞서간다는 최철호 대표이사는 동양전자공업 창립 24주년을 맞아 200억 원 매출을 달성했다. 자동으로 여닫는 커튼, 환풍기, 변압기, 로봇 청소기 등 더 정교해지고 작아지고 품목이 다품종 소량생산으로 선진화될수록 모터 활용은 더 늘어나고 있는 추세이다.

변화는 늘 위기의 얼굴을 하고 찾아온다. 가장 잘 준비된 모습과 과감하고 선제적인 투자로 위기를 기회로 뒤바꿨다. 최철호 대표이사는 "잘될 것이다"라는 긍정적인 사고와 직원들이 최고의 고객이자 주인이라는 펀 경영을 전 기업으로 전파해야 한다는 의지로 적극 홍보하고 있다. 그의 환한 웃음에 신뢰가 가는 까닭이기도 하다.

• **캘러웨이/레노마 골프웨어 안산 한대점: 마음을 움직이는 펀 경영**

경기도 안산시 상록구 사동에 위치한 안산 한대 패션타운은 골프웨어, 스포츠, 캐주얼등 120여 브랜드가 총망라된 대형 패션타운 특화거리로 안산 지역 패션 1번지로 통한다. 그중에서도 골프가 대중화되고 안산 주변에 골프연습장이 많아, 최근에는 골프웨어 특화 매장으로 새롭게 자리매김을 하고 있다.

고객 눈높이 맞추고 편안한 사랑방 역할하는 캘러웨이/레노마 골프웨어 안산 한대점 한영숙 대표는 펀(Fun) 경영 최우수 및 전국 매장 매출 상위권 매장이다.

캘러웨이 안산 한대 매장은 지난 2014년 처음 문을 열었다. 한영숙 대표는 가두 골프웨어 브랜드 펀 경영 운영 노하우와 그 전에 안경점을 오래 운영하는 동안 쌓은 고객 응대 경험으로 Fun경영 최우수 매장으로 성장시켰다.

골프를 즐기고, 캘러웨이 골프웨어 브랜드를 좋아했던 한영숙 대표는 매장을 운영하면서 한 번도 장사꾼이라고 생각한 적이 없다며 당장의 매출 올리기보다 고객 개개인 눈높이에 맞춰 공감대를 형성하면서 최대한 편하게 부담 없이 응대할 뿐만 아니라, 최고의 고객은 직원이라며 직원들에게 최고의 복리후생 등으로 직원들 마음을 움직이게 하는 펀 경영에 주력하였다.

또한, 항상 고객을 맞을 때 환한 미소로 주부의 시각에서 대하자 자연스럽게 단골 고객이 늘어났다고 한다. 특히 여성 고객들에게는 사랑방 노릇을 톡톡히 하고 있다고 한다. 시원하고 깔끔한 매장에는 주변 골프 연습을 하고 방문하는 고객들이 간단하게 즐길 수 있는 간식이 풍부하게 마련되어 있어 눈과 입을 즐겁게 해 준다.

요즘에는 캐릭터가 강한 스타일보다는 심플하면서 블랙·화이트의 무채색을 선호하는 등 다양한 스타일의 제품을 접한 고객들의 만족도가 높다고 한다.

한영숙 대표는 안산에는 동아리, 소규모 골프 대회가 특히 많기 때문에 매장 자체적으로 골프대회를 진행하는 등 자체 스폰으로 고객 유치와 브랜드 홍보에 주력하여 시너지 효과로 매출 증대 배경을 설명했다.

또한 한영숙 대표는 최고로 좋아하는 브랜드 캘러웨이/레노마 매장을 운영하면서 매출 이익금 일부를 매년 대학생 2명에게 장학금을 지급할 뿐만 아니라, 여러 단체에게 봉사를 할 수 있는 게 너무 행복하다고 말한다. 매장을 찾아 주시는 고객들에게도 감사하고, 무엇보다 직원들이 한마음 한뜻으로 함께해 고마운 마음이라며 직원들을 무한 칭찬을 한다.

• **한길익스프레스(안산점): 경쟁업체·고객·직원들에게 인정받다**

권유희 대표가 운영하는 한길익스프레스(안산시 상록구 사사동 395-1)는 포장이사, 일반이사, 보관이사, 사무실이사 등의 업무로 펀(Fun) 경영 최우수 업체로 선정되었다.

권유희 대표가 처음 이사업을 시작할 때 일부 경쟁업체와 고객, 직원들까지 여성이 어려운 이사업을 한다며, 비웃고 깔보고 무시하는 경우도 있었는데, 오래지 않아 그것이 착각이라는 걸 깨달았다.

여성이라서 오히려 섬세하고, 꼼꼼하고, 친절하다는 것이 크나큰 장점이 되었고, 더더욱 열심히 한 덕분에 이제는 직원들에게도 견적도 아주 잘 본다며 지지받고 있으며, 21년의 베테랑이 되어 지금은 비웃었던 경쟁업체·고객·직원들에게 최고로 펀 경영자로서 인정받고 있다.

일할 수 있어서, 할 일이 있다는 것만으로 행복하다며, 환하게 웃는 미소여왕 권유희 대표는 견적 전화 상담 후 모두 직접 방문하여 투명한 견적, 저렴한 가격, 철저한 시간 약속을 해내고 있다. 또한 작업자는 숙련된 직원으로 구성되어 책임감 있는 이사 진행 및 사후 A/S는 확실하게 하여 견적부터 정리까지 고객의 소중한 재산을 안전하게 이사하고 있어 한 점의 소홀함이 없는 이사업체로 고객들에게 인정받고 있다.

사무실 신축 때부터 1층은 보관이사 시 짐을 넣기 위해 설계해서 습기 없고, 채광과 통풍이 잘되어 냉장고 음식, 화초까지도 가능케 하여 짐 보관에 안성맞춤일 뿐만 아니라, CCTV 4대가 설치되어 고객의 소중한 재산 도난 걱정도 없다.

또한 무엇보다도 직원들을 가족처럼 생각하고, 직원들이 최고의 고객이라는 생각으로 작은 애로 사항까지 청취하고 해결해 주기 위해 노력하고 있

웃는 사람이 성공한다

다. 그리고 직원들에게도 책임감을 주어 현장에서 고객 요구 사항을 바로 처리할 수 있는 권한을 줌으로써 직원들도 대표처럼 항상 환한 미소로 '신바람 나는 일터'로서 펀 경영 최우수업체로 선정되어 고객들에게 호평을 받고 있다. '한길'이라는 상호처럼 한길만 쭉 걷겠다며, 권유희 대표는 환한 미소를 지어 보였다.

### ③ 어느 대문호의 죽음

두 남자가 식당에서 밥을 먹으면서 TV에서 뉴스를 보고 있는데, 아나운서의 이런 멘트가 흘러나왔다.

"방금 전 세계에서 열 손가락 안에 꼽히는 대부호가 사망했다고 합니다."

그 말이 끝나기도 전에 갑자기 한 남자가 통곡을 하기 시작했다.

"아, 이럴 수가!"

그 모습을 보고 놀란 친구가 물었다.

"저 사람은 자네의 친척도 가족도 아닌데 그렇게까지 슬퍼할 이유가 있나?"

그러자 울고 있던 사람이 대답했다.

"바로 그 점이 내가 이토록 슬퍼하는 이유일세."

PART 2

펀Fun 리더십

"유머는 상태나 속성이다. 유머는 낙천적이고 열린 마음이다.
예컨대 삶에 대한 긍정적인 태도다."

– 도니 탬블린

조직이 성과를 달성하는 과정은 곧 조직 구성원의 태도 형성 과정이며, 리더십은 이러한 조직 구성원의 태도를 움직이고 지휘하는 하나의 관리 활동이다. 따라서 조직 구성원의 창의력 발휘와 자발적 참여를 촉진시켜 조직의 성공을 이끌 수 있는 가장 중요한 요소 중의 하나가 바로 리더십이다.

리더십은 사람과 사람 사이의 관계에서 발생하는 것으로 인류가 사회적 활동을 시작한 이래 끊임없이 논의의 대상이 되어 왔고, 연구자에 따라 각기 개별적인 입장에서 다른 의미로 정의되고 있는 것도 사실이다. 그러나 일반적인 정의로서의 리더십은 리더가 발휘하는 능력이자 기능으로, 일반적으로 한 개인이 다른 구성원에게 이미 설정된 목표를 향해 정진하도록 영향력을 행사하는 기술 또는 과정을 말한다.

또다시 고개를 든 펀이 경영의 트렌드로 자리를 잡아 가면서 기업 내에는 교육, 마케팅, 제품 생산 등 모든 부문에 웃음과 유머, 칭찬 등이 다양한 방식으로 적용되고 있다. 전 세계적으로 코로나19로 너무나 힘든 요즘, 이럴 때라도 웃고 웃으며 힘을 내자. 그러다 보면 코로나도 멀리 사라질 것이다.

# 펀 리더십은 감성 리더십이다

현대의 리더십은 복잡하며 어렵고 다양한 기업 경영의 환경하에서 기존의 리더십에서 충분히 고려되지 않았던 다양한 특성들이 놀라울 만큼 확대되고 있다. 따라서 최근 경영자를 포함하여 현장 관리자들에게 기업 환경에 적합한 리더십 스타일의 변화가 요구되고 있으며 그중 하나가 펀 리더십이다.

그러나 펀 리더십이라는 용어는 각종 서적이나 신문, TV 등 각종 언론매체에서 펀(Fun)과 펀 경영, 웃음, 유머 등의 용어를 사용할 때 이와 관련하여 자주 사용되고 있으나 아직까지 그 개념 등이 명확하게 정립되어 있지 않은 상태이다.

펀 리더십이란 펀(Fun)과 리더십(Leadership)의 합성어로서 즐거움과 재미를 통해 조직 목표를 달성하고 펀 경영을 실천하기 위한 직원 존중의 리더십이다. 다시 말해, 조직에 활력을 불어넣어 조직 구성원 개인 혹은 집단 구성원으로 하여금 자신이 하는 일 자체와 직장에 대해 자부심과 즐거움, 재미를 느끼도록 배려하여 조직 성과를 극대화할 수 있도록 유도·조정하는 리더의 기술 또는 과정이라고 정의할 수 있겠다.

21세기는 재미있는 직장이 일류 기업이 될 것이고, "나는 직장에서 얼마를 벌 수 있나?"라는 개념에서 "내가 일하는 직장은 얼마나 재미있는 일터인가?"로 직장인들의 직장관이 바뀔 것이

웃는 사람이 성공한다

라고 한다. 이러한 측면에서 미래에는 직원들에게 활력을 주고 즐겁고 재미있게 일할 수 있도록 배려하는 펀 리더십이 더욱 중요시될 전망이다.

웃음과 유머의 기술을 사용하는 웃음치료와 레크리에이션 그리고 리더십 요소가 유기적으로 결합된 리더십 유형을 펀 리더십이라고 하겠다.


## 유머(Humor)의 힘

유머(Humor)는 익살, 해학에 대응되는 말이다. 본래 유머는 중세 및 르네상스 시대에 인간의 기질을 네 가지 체액으로 구분한 데서 비롯되었다고 한다. 유머는 일종의 코믹한 현상이며, 현상에 대한 풍자로 웃음을 자아내는 것이다.

위트와 유머는 우스운 것 또는 희극적인 요소가 웃음을 자아내도록 하는 것이다. 유사한 용어로 기지와 해학이 있다. 기지는 창작의 재능, 눈부시고 놀랍고 역설적인 비유를 발견할 수 있는 능력을 가리키는 말이었다. 짧고 교묘하고 희극적인 놀라움을 일으키는 일종의 언어적 표현이다. 해학은 사회적 현상이나 현실을 우스꽝스럽게 드러내는 방법으로, 주어진 사실을 그대로 드러내지 않고 과장하거나 왜곡하거나 비꼬아서 표현하여 상황을 공감하게 만들며 웃음을 자아내는 것이다.

유머는 집단을 대상으로 실제 이야기나 아름다운 추억 또는 옛날이야기를 소재로 자신의 경험을 과장해서 허를 찔러 줌으로써 웃음을 자아내게 하는 것이다. 17세기 영국의 의사 토마스 시던햄은 "마을에 훌륭한 광대들이 오는 것은 당나귀 20필에 실은 약보다 건강에 더 좋다."고 하였고, 18세기 영국에서 최고의 덕담은 "당신은 유머리스트야."라고 칭송하는 것이었다고 한다.

유머는 인생을 즐기는 자극제이다. 유머가 없는 삶은 무미건조하다. 직장에서도 유머가 있는 사람은 주위 사람들을 부드럽게 감싸 주고 분위기를 밝게 한다. 유머는 상대방에 대한 마음 씀씀이로서 마음의 여유에서 생겨난다. 각박한 마음에서는 유머가 나올 수 없다.

유머는 웃음보따리를 풀어내는 열쇠이다. 사람에게만 유일하게 있는 웃음보따리는 아무리 퍼내도 줄어들지 않는다. 또 유머는 성공의 엔도르핀을 무한정 저장할 수 있는 저장고이기도 하다. 가장 빠르게 호감을 주는 이미지는 다름 아닌 미소, 웃음이다(성원숙·임미화, 2012).

사람은 대화를 주고받으며 살아간다. 무미건조한 대화는 딱딱한 분위기를 만든다. 반면에 유머가 있는 대화는 즐거움을 주고 시간가는 줄을 모른다. 대화 속 유머를 통해 신선한 느낌을 교류하게 된다. 그래서 유머는 음식을 만드는 데 들어가는 양념과 같다. 달고 시고 맵고 짜고 싱거운 맛을 내는 대화는 유머가 만들어 내고, 유머는 웃음보따리를 풀게 한다.

말을 하고 들으면서 친교를 쌓는 것은 유머밖에 없다. 함께 웃게 만들면 이내 우호적이 되고 호감을 갖게 된다. 유머 한마디가 인간관계를 우호적으로 만들고 신뢰를 쌓게 만든다. 이런 신뢰가 바로 인간관계에서는 재산으로 남는다.

유머는 다른 사람과 소통하게 해 주므로 유머를 통해 쉽게 호감을 주고 친해질 수 있다. 이뿐만이 아니다. 유머는 기분을 즐겁게 전환시켜 주고, 스트레스를 풀어 준다. 유머에는 서로를 따뜻하게 하고 행동을 바꾸게 하는 힘이 들어 있다. 그런가 하면, 몸속의 호르몬 작용을 바꾸어 좋은 호르몬의 생성과 항체를 만들어 주기도 한다.

## 유머 감각이 있는 사람은

• **유머 감각은 세상을 바라보는 방식이다**
유머 감각은 오랫동안 인생의 문제점이나 어려운 상황들을 대처해 나가는 데 유용한 메커니즘으로 인식되어 왔다. 하지만, 유머 감각을 어려운 문제나 스트레스에 대처하기 위한 메커니즘의 단일 차원으로만 인식하는 것은 다소 한계가 있다.

유머 감각은 세상을 바라보는 방식이며, 자신을 보호하고 다른 사람, 주위 환경과 조화롭게 지내기 위한 수단으로 다차원적인 개념이며, 스트레스에 대처하기 위해 유머를 사용할 줄 아는 것을 나타내는 개인 특성이다.

• **유머 감각은 개인과 조직에 유익한 결과를 가져다준다**

유머 감각이 높은 사람이 그렇지 않은 사람들보다 스트레스를 받는 사건들에 대해 더 긍정적으로 반응하며, 스트레스와 우울증 자체가 더 낮다는 연구 결과가 나왔다. 또한, 개인의 유머가 팀과 조직의 성과에도 긍정적인 영향을 미친다고 하였다.

즉, 유머는 팀 내 응집력, 열린 대화 아이디어가 공유되고 대인관계가 좋은 긍정적인 조직 문화 및 효과적인 리더십 등과 정의 관계를 가지고 있음을 밝히고 있다.


• **유머 감각은 조직 내 다양한 형태의 성과에 긍정적인 영향을 미친다**

구체적으로 개인이 조직 내에서 달성할 수 있는 성과를 직무 성과, 경력 성과, 혁신 성과, 팀 성과 그리고 조직 성과로 구분하였다. 유머 감각을 가진 사람들은 종종 자신들의 개인적·사회적인 목표를 달성하기 위해 유머를 사용할 수 있다.

또한 자신들이 조직 내에서 경력을 개발하기 위해 필요한 기술들을 습득하는 데 있어서 필요한 것을 얻을 때 더욱 유리하게 작용한다. 그리고 개인적인 경력 목표를 달성하기 위해 노력하다 보면 여러 가지 힘든 상황들을 직면하게 되는데, 이때 어려움을 극복할 수 있도록 하는 데 긍정적인 영향을 미친다.

• **유머 감각이 있는 사람들은 도전적인 상황을 견뎌 낼 수 있는 능력이 높다**

경력 개발과 관련된 직장 내 압력들을 효과적으로 대처할 수 있게 된다. 또한, 이러한 효과적인 대처 능력으로 인해 심리적으로 안정되고 인지 능력에 여유가 생기므로, 유머 감각이 있는 사람들은 새로운 경력 개발을 할 수 있는 여지가 더 많아진다고 볼 수 있다.

많은 유머 연구자들은 유머와 창의성의 관계에 대해 연구해 왔다. 유머의 가치를 인정하는 것이 새로운 사고, 문제 해결 방식을 빨리 흡수할 수 있는 능력과 연관되어 있다는 것은 흔히 받아들여지고 있는 사실이다. 이 때문에 유머 감각이 높은 사람들이 조직 내에서 혁신이나 문제 해결에 있어서 새로운 방식들을 더 많이 고안해 낸다고 볼 수 있다.


## 유머의 효율성


• **창의적인 성과 달성**

유머는 일상적인 패턴에서 벗어난 아이디어나 상황을 표현하는 가운데서 만들어지는데, 이러한 인지 과정은 창의적인 결과를 가져오게 된다. 다시 말해서 유머 감각이 높은 사람은 일상적인 인지 패턴을 벗어난 정보 처리 과정을 사용함으로써 그렇지 않은 사람보다 더 창의적인 성과를 달성하게 된다.

• **팀원·동료 간 불화 방지**

팀원 혹은 동료의 실수를 지적할 때, 적절한 유머를 사용함으로써 불쾌한 메시지를 순화시켜 전달함으로써 팀원 혹은 동료의 체면을 살펴 줄 수 있다.

• **매끄러운 대인관계**

유머는 잘 사용될 때, 팀원 간의 대인관계를 매끄럽게 하는 윤활유로 작용하여 팀원 간에 서로 협력하는 분위기를 증대시켜 준다.

• **높은 성과로 이어지는 팀 분위기 조성**

유머 감각이 높은 사람은 재치 있는 말이나 행동으로 팀 분위기를 살려 줄 뿐만 아니라, 적절한 유머를 사용하여 팀 성과를 높이는 데 기여하게 된다.

## ☺ 자다가 봉창 두드리는 왓슨 박사

셜록 홈즈와 왓슨 박사가 하루는 캠핑을 가서 별빛 아래 텐트를 치고 잠이 들었다. 그런데 한밤중에 홈즈가 왓슨 박사를 깨우기 시작했다.

홈즈: 왓슨 박사, 별을 보고 추리를 해 보시오.

왓슨: 수만 개의 별이 보이는데, 소수의 별만이 혹성을 가지고 있다고 하더라도 지구와 같은 혹성이 있을 가능

성이 꽤나 있고, 만일 저기에 지구와 같은 혹성이 있다면 생명체도 있겠지요. 당신은 무슨 생각을 했나요, 홈즈 씨?

홈즈: 왓슨 박사, 무슨 바보 같은 소리요? 누가 우리 텐트를 훔쳐갔잖아요!

## ㉛ 당황한 남자

뉴저지에 사는 사냥꾼 두 사람이 숲속에 들어갔다가 한 사람이 갑자기 바닥에 넘어졌다. 숨을 쉬지 않은 것 같았다. 나머지 사람이 핸드폰으로 911에 전화를 걸어 위급 상황을 알렸다.

"내 친구가 죽었어요. 어떻게 해야 하지요?"

교환원은 침착하고 부드러운 목소리로 말한다.

"침착하세요. 제가 도와드릴게요. 우선 친구가 죽었는지 확인해 보세요."

그러자 잠시 정적이 흐르더니 총성 한 방이 들려왔다. 남자가 말했다.

"확인했습니다. 이제 어떻게 하지요?"

이 유머는 영국에 떠도는 인터넷 유머에서 가장 인기가 있는 것들이다. 이 사실은 영국의 심리학 교수 리처드 와이즈만과 영국과학진보회가 공동으로 연구한 결과이다. 이들은 인터넷에 올려진 40,000개의 재미있는 이야기를 가지고 이백만 명에게 선호도를 조사하였다. 그 결과 이 두 개의 유머가 각각 1, 2위를 차지하였다.

심리학 교수씩이나 되는 사람이 이름만 들어도 거창한 연구단체와 왜 이런 쓸데없는 짓을 하였을까? 이 결과를 얻기 위해 얼마나 많은 시간과 에너지가 투자되었겠는가. '미치지 않고서야' 이들이 아무 의미 없는 조사에 자신들의 돈과 시간을 쏟았을 리 없다. 그만큼 '유머'가 21세기의 중요한 키워드이며 트렌드라는 것이다. 왜 요즘 사람들은 유머에 열광하는지, 어떤 웃음 코드를 좋아하는지를 아는 것이 현대인의 심리를 분석하는 데 필요한 요소이기 때문이다.

지금 우리는 이렇게 유머 생활권에서 살고 있다. 유머가 단순히 개인의 취향 정도에 그쳤던 20세기와 달리 지금은 유머가 곧 밥이 되고 업이 되고 공부가 되는 시대인 것이다.


## 웃기는 것이 다 유머는 아니다

웃기는 것 자체가 유머는 아니다. 슬랩스틱처럼 남을 때려 가며 억지스럽게 웃기려는 것은 유머가 아니라고 말하고 싶다. 상대에게 자연스럽게 웃음이 나오도록 하는 것이 여유이고 재치며 활력소이다. 상대에 대한 배려이고 사랑이다. 그러한 마음이 사람들의 웃음을 이끌어 내는 것이다.

내 지인 중 많이 웃기는 사람이 있는데, 평소에 유머 소재를 모으고 철저하게 스크랩해서 소화하여 유머를 만들기도 한다. 그런데 그의 유머는 코미디언식, 그중에서도 야한 것에 가까운 유머다. 그 결과, 그는 삼류 코미디언 취급을 당한다. 가볍고 생각 없는 사람으로 낙인찍혔다. 단순히 실없고 웃기는 사람으로 평가받는다. 그러자 사람들은 그 사람만 나타나면 인상부터 찌푸렸다.

자신의 이미지를 좋게 하기 위한 유머라면 그에 알맞은 유머를 익히는 수준에서 만족하면 된다. "유머는 상태나 속성이다. 유머는 낙천적이고 열린 마음이다. 예컨대 삶에 대한 긍정적인 태도다."라는 도니 탬블린의 말은 깊이 음미해 볼 만하다. 그런 면에서 나는 펀 리더십을 운영하면서 경험상 유머를 이렇게 풀이하고 싶다.


## 유머, 위트, 개그, 코미디

유머(Humor)는 익살스러운 농담으로서 익살·해학·기분·기질로 번역되며 그 웃음의 대상에 대한 감정을 수반하는 정적(精的)인 작용을 포함하고 있다고 해석한다. 웃음과 관련된 말에 위트, 개그, 코미디, 농담, 우스갯소리 등이 있다. 물론 이들의 의미는 조금씩 다르다. 인간의 언어·문장·행동 등이 갖는 웃음 그리고 그러한 웃음을 인식하거나 표현하는 능력을 말한다.

비슷한 말로 위트(Wit)가 있는데, 이는 번뜩이는 재치나 기지를 의미한다. 똑같이 웃음을 인식하고 표현한다지만 위트가 순수하게 지적(知的) 능력인 데 반해 개그(Gag)는 연극·영화·텔레비전 등에서 관객을 웃기기 위해 끼워 넣는 즉흥적인 대사나 우스갯짓을 말한다.

이는 코미디(Comedy)에서 길 가는 사람이 바나나 껍질을 밟고 미끄러져 넘어진다든지 거드름을 피우는 숙녀가 파이 세례를 받고 얼굴이 범벅이 되는 등 단순하고 형식적인 웃음으로 시작되어 빈정거림이나 풍자 등 풍부한 내용을 담는 웃음으로 발전되었다. 코미디는 사람을 웃기는 연극으로 넓은 의미로는 웃음을 유발하는 모든 연극을 일컫지만 좁은 의미에서는 소극(笑劇, farce)과 구별해 문학적으로 수준 높은 해학극을 일컫는다.

그러나 여기에서는 특별한 경우가 아니면 이들을 구분하지 않고 웃음을 유발하는 말, 문장, 행동, 표현법 등 모두를 '유머'로 통일하여 사용한다.

우리는 행복한 삶의 터전을 만들어 가는 과정 속에서 반드시 일을 하지 않으면 안 된다. 그러한 삶의 터전 속에서 일하는 일과가 대부분 회사든, 학교든 조직을 이루어 그 조직 내에서 이뤄지고 있다. 그래서 많은 시간을 보내는 장소가 펀(Fun) 펀(Fun)해야 하는데, 불편하다면 자신은 물론이거니와 조직도 행복하지 못하고 이러한 업무 환경으로 인해 조직의 사기와 능률은 저하될 것이다.

유엔 '2016년 세계행복보고서'에 따르면 우리나라의 행복지수는 세계 157개국 중 58위로 전년보다 11계단이나 하락했다고 한다. 이런 근본적인 원인은 사회적 구조적인 분위기에 있다고 할 수 있다. 우리가 시간의 대부분을 보내는 삶의 터전이 행복하지 못한 근본적인 원인은 '즐겁지 않아서'라고 생각한다.

### ☺ 어느 고승의 가르침

아주 유명한 고승이 있었다. 한 물리학자가 동양사상을 배우고 싶어 그 고승을 찾아갔다.

"저는 동양사상을 배우고자 왔습니다. 저에게 스님의 학문을 가르쳐 주시지 않겠습니까?"

그러자 고승이 말했다.

"저는 아는 것이 아무것도 없습니다. 그리고 당신은 이미 훌륭한 학자이니 제가 더 가르쳐 드릴 것도 없습니다. 돌아가십시오."

하지만 물리학자는 결코 물러서지 않았다. 그러자 고승은 이런 제안을 했다.

"그럼 제가 문제를 하나 내도록 하겠습니다. 당신이 이 문제를 해결하면 제가 알고 있는 지식을 가르쳐 드리겠습니다. 물이 가득 찬 물 컵에 물이 넘치지 않도록 주전자의 물을 넣어 보십시오."

한참을 고민하던 물리학자는 그 문제를 해결하지 못했다. 그걸 보고 고승이 말했다.

"물 컵의 물을 버리고 주전자의 물을 따르면 되는 이 간단한 걸 생각하지 못하다니!"

무슨 일을 하든지 새로운 것을 배울 때는 선입견을 버리고 새로운 것을 받아들일 준비가 되어 있어야 한다는 교훈이다. 사람들이 문제에 임하는 고정관념이 있기 때문에 지극히 쉬운 문제도 풀지 못할 때가 있다. 그러나 유머는 그런 고정관념을 버리는 데서 출발한다. 호기심과 관심을 가지고 남들이 생각하지 못하는 '반전'을 찾는 것, 그게 유머의 시작이다.

뻔한 건 유머가 될 수 없다. 뻔한 상상력은 사람들에게 흥미를 제공하지 못하기 때문이다. 그래서 상상력이 좋은 사람들은 대부분 유머 감각도 좋다. 상상력이 좋다는 건 곧 창의성이 좋다는 것을 의미하는데, 유머는 창의성을 기반으로 하기 때문이다.

사실 유머만큼 상상력과 빠른 두뇌 회전을 필요로 하는 건 드물다. 그래서 머리가 좋은 사람들은 그만큼 유머에도 관심이 많고 유머 감각도 뛰어나다. 아인슈타인은 "내게 있어서 최대의 학교는 조크(유머)였다. 세상 사람들이 받들어 모시고 있는 룰만을 무턱대고 받아들여서는 안 된다. 그 룰에 얽매여 있어서는 그 룰을 뒤엎을 새로운 룰을 만들어 낼 수 없기 때문이다."라고 했다.

다음은 아인슈타인이 노벨 물리학상을 받은 후에 있었던 일이다.

### ③ 아인슈타인, 아무나 하나

아인슈타인은 미국의 여러 대학들로부터 강연 요청을 받아서 하루에도 몇 번씩 같은 이야기를 반복해야 했다. 그러다 보니 그와 항상 함께 다니는 운전기사가 "하도 듣다 보니 저에게 강의를 하라고 해도 그대로 할 수 있을 정도입니다."라고 하였다. 그 말을 듣고 평소 유머를 좋아하고 장난을 좋아하는 아인슈타인이 운전기사에게 말했다.

"그렇다면 다음 강연 때에는 자네가 내 양복을 입고 나 대신 강연을 해 보는 게 어떤가?"

그래서 하루는 아인슈타인이 운전기사의 옷을 입고 강의실 뒷자리에 가서 앉았고, 운전기사는 박사의 양복을 입고 박

사인 척 강의를 했다. 가짜 아인슈타인 박사의 강연은 성공
적이었다. 그런데 강의를 마치고 강단을 내려오려는데 한
교수가 어려운 질문을 하였다. 순간 눈앞이 캄캄해진 운전
기사는 기지를 발휘해서 이렇게 대답했다.
"흠, 그 정도 질문이라면 제 운전기사도 충분히 답변할 수
있습니다. 기사! 한번 설명해 보게!"

아인슈타인이 권위적이고 진지하기만 한 사람이었다면 그의
발명과 연구에도 한계가 있었을지 모른다. 그러나 그는 늘 호
기심과 상상력을 가지고 생각할 줄 아는 사람이었기에 놀라운
업적을 이루어 낼 수 있었다. 아인슈타인은 늘 주변 사람들을
재미있게 해 주려고 노력했고, 그 자신도 유머를 좋아했던 사
람이다.
　일상에서 유머의 소재를 찾고 유머를 훈련하는 일은 무엇보
다도 관찰에서 온다. 주변에서 일어나는 일들과 사람들과의 대
화 속에서 예기치 않게 발견되기 때문이다. 아인슈타인이 끊임
없이 현미경을 들여다보고 어려운 수식을 반복함으로써 새로운
과학적 사실을 발견해 냈듯이 유머도 생활에서의 관찰과 탐구가
필요하다.

## ③ 길도 못 물어봐요?

고등학생인 민식이는 친구들과 주말에 연대(연세대학교) 앞에서 만나기로 했다. 연대의 위치를 모르는 민식이가 아버지에게 물었다.

"아버지, 연대 가려면 어떻게 해야 돼요?"

그러자 아버지가 민식이에게 꿀밤을 때리며 이렇게 말했다.

"이놈아, 그것도 여태 몰라? 공부를 열심히 해야지. 국·영·수 위주로!"

## PART 3

# 웃음은 신바람이다

"가정은 웃음과 감동과 시련, 그리고 그 시련을 통한
정신적 성장이 있는 최고의 명상센터이다."

– 바바 하리 다스

예전에는 잘 웃고 잘 웃기면 그저 성격 좋다는 칭찬이나 들었지만, 지금은 웃겨 달라면서 초빙해 놓고 돈을 준다. 그러다 보니 대학에 개그학과도 생겼고 우리 같은 펀 리더십 기관도 생겼다. 웃음으로 병을 치료한다고 웃음치료사들까지 있다.

이런 시대에 부응하는 건 일찌감치 유머의 효용성을 인정하고 유머 시대에 동참하는 것이다. 유머의 효용성을 인정하지 않거나 과소평가하는 것은 디지털 시대에 아날로그를 고집하는 것이고, 스마트폰 시대에 유선전화만 고집하는 것과 같다. 지금이라도 늦지 않았다. 유머와 웃음이야말로 경제성이 크고 경쟁력이 크다는 사실을 인정하고 유머 바이러스에 감염되어 보라. 유머는 그 이상의 가치와 기적을 만들어 준다.

나 최원호도 마찬가지이다. 내 또래의 남자들이 직장에서 스트레스 받으면서 과중한 업무에 시달리느라 웃음을 잃고 살아가고 있는 현실에서, 나는 오히려 사람들에게 감사의 인사를 받으며 산다. 그러니 강의를 열심히 하지 않을 수 없다. 사람들을 열심히 웃게 할 수밖에 없다. 우리가 즐거워서 하는 일이라 그런지 하루에도 셀 수 없이 새로운 유머 소재가 반짝반짝 튀어나온다.

유머의 특성인 고정관념을 깨는 소재의 발굴은 유머강사들에겐 어려운 일이 아니다. 유머도 결국은 아이디어의 문제이다. 관심을 가지고 고정관념을 깨는 연습을 하면, 어느새 현상이나 사물에 대해 다른 시각으로 보는 습관이 생긴다.


## 웃음이 사람을 살린다

### 1) 웃음은 인간의 본능적 표현이다

웃음은 쾌적한 정신 활동에 수반된 감정 반응을 말한다. 웃음에는 미소(微笑)·고소(苦笑: 쓴웃음)·홍소(哄笑)·냉소(冷笑)·조소(嘲笑)·실소(失笑) 등이 있다. 웃음이 무의식적이라는 것은 어떠한 자극에 대한 인간의 본능적 표현으로서 뉘앙스에 차이가 있을지 몰라도 웃음이 인간에게 나타나는 보편적 특성임을 말해 준다.

웃음의 원인이나 종류에 대해서는 여러 가지 설이 있으며, 보는 관점에 따라 다르게 정의되고 있다. 웃음(Laughter)은 자극에 대한 자의적 혹은 비자의적 반응으로서, 음성화되어 나타나는가 하면 시각적 표시로 나타나기도 한다. 웃음은 긍정적인 사회적 신호라고 했다. 이는 사회적 삶을 살아가는 인간이 보다 유능한 삶을 위해 웃음을 개발하여 사용한다는 것으로 사회적 삶에서 출현하는 사회적 반응의 한 유형이다.

웃음은 횡격막의 짧은 단속적인 경련적 수축을 수반하는 깊은 흡기로부터 생긴다. 싱글벙글 웃는 것은 만족감을 나타내고, 능글능글 웃는 것은 비밀을 감추고 있는 것이며, 히죽히죽 웃는 것은 악의를 나타낸다. 또한 깔깔 웃는 것은 기품이 없음을, 큰 소리로 웃는 것은 대범함을 의미한다.

일반적으로 유아나 어린이의 웃음은 신체적·감정적으로 나타난다. 청년기 이후가 되면 유머가 발달한다. 유머는 자기를 객관시하고, 웃음의 자료를 제공하려는 마음에서 생겨난다.

웃음이 발생하는 원리가 무엇인지, 인간이 왜 웃는지에 대한 고찰은 플라톤 이후 계속되어 왔지만 '이것이다'라고 확실히 말할 수 있는 이론은 없는 것 같다. 다만 여러 의견들을 참고해서 어떻게 하면 웃게 만들 수 있을지를 연구할 뿐이다.

Th.홉스는 웃음이란 돌연히 나타나는 승리의 감정이라고 하였고, A.쇼펜하우어는 어떤 관념과 관념이 불균형일 때 나타난다고 하였다. 예를 들면 신사가 바나나를 밟고 넘어진다거나 어린이가 어른 바지를 입었을 때 등이다.

많은 동물 가운데 사람만 웃는다. 일반 동물도 노여움·슬픔·기쁨·즐거움을 나타낼 줄 안다. 그러나 기쁨이나 즐거움을 웃음으로 표현하지는 않는다. 소가 웃는다고 하지만, 사람에게 그렇게 보일 따름이다. 웃음은 생리적이라기보다 심리적인 반응이고, 문화적인 의미를 가지므로 더욱 중요시된다. 복잡한 생각을 한편으로는 말로, 또 한편으로는 웃음으로 나타내는 능력은 표리 관계에 있으며, 사람을 다른 동물과 구별하게 하는 징표이다.

웃음이 실제로 행복 때문인지, 사회적인 관계를 위한 인위적인 웃음인지에 따라서 얼굴 표정이 다르다. 진정한 미소는 입 주위의 근육들이 미소를 만들어 낼 때 눈 주위 근육들이 같이 수축하기 때문에 눈 주위에 주름이 잡히지만, 인위적인 미소에서 눈 주위의 근육을 움직인다는 것은 어렵다.

인위적인 미소는 서비스를 제공하는 직업을 가진 사람들에게서 많이 볼 수 있지만, 생후 10개월 된 아기도 낯선 사람이 다가오면 그런 미소를 짓는다. 이때의 웃음도 진짜 웃음이 아닌, 어른에게서 볼 수 있는 사교적인 가짜 웃음이다. 인위적인 미소라고 해서 꼭 나쁜 것만은 아니다. 처음에는 인위적인 미소에서 시작했지만, 그 미소를 보고 사람들이 즐거워하면 이제는 진정으로 기뻐서 웃게 되기도 한다.

### 2) 웃음치료는 치료를 목적으로 웃음을 사용하는 것이다

웃음치료는 신체적·감정적·인지적·영적 측면에서 대상자의 치유와 대처 능력의 증진을 유도하기 위해 치료적인 목적으로 웃음을 사용하는 것이다. 웃음치료는 웃음과 미소, 즐거운 감정을 유발시키고 상호 작용을 가능하게 하는 의사소통의 일종이다. 미국웃음치료협회(AATH: American Association for Therapeutic Humor)의 정의에 따르면 웃음치료는 일상속의 재미있는 경험,

웃는 사람이 성공한다

표현들을 이용해 대상자의 건강과 안위를 증진시키는 활동을 말한다.

대부분의 치료는 부작용이 있지만, 웃음치료의 부작용은 거의 없다. 웃음치료에서의 웃음은 단지 얼굴 근육만 움직이는 것이 아닌 배꼽이 빠질 정도의 박장대소이기 때문에 칼로리 소모량이 많아, 저혈당이 생기기 쉬운 당뇨병 환자나 몸이 많이 허약한 사람들만 주의하면 된다. 사람들은 나이가 들수록 웃음을 잃어버리는데, 웃음치료를 통해 웃는 방법을 다시 배워 웃을 수 있게 되면 스트레스가 줄고 면역 기능이 좋아진다. 웃음치료가 건강에 좋다는 것은 너무나 당연한 말이다.

정신건강에서는 웃음이 정신의 조깅이며, 스트레스 호르몬을 감소시키고 항체 분비를 증가시켜 우리 몸의 저항력을 강하게 만든다고 하였다. 몸과 마음이 연결되어 있다는 사실은 건강심리학과 정신생리학적인 연구, 스트레스와 관련된 연구들에서 이미 상식적으로 받아들여지고 있다. 인간의 뼈아픈 감성과 긴장을 웃음과 눈물을 통해 정화시킬 수 있으며, 이로 인해 보다 명확한 생각과 보다 분별력 있고 적절한 행동을 취할 수 있게 된다고 하였다.

또한 유머와 웃음은 긍정적이고 희망적인 태도를 심어 준다. 결과적으로 웃음은 위기의 상황들과 고통의 순간들을 덜어 주는 도우미역 할을 한다고 볼 수 있다.

미국 인디애나주 볼 메모리얼 병원에서 연구한 업적에 따르면 웃음치료가 대표적인 코르티솔 분비를 감소시키며, 병균을 막는 항체인 감마 인터페론 분비를 증가시켜 바이러스에 대한 저항력이 커진다고 한다.

웃음치료는 웃음을 통해 자신의 신체적·감정적 상태를 표현함으로써 즐거움을 찾고 남아 있는 신체·정신적 기능을 극대화하여 긍정적인 변화를 가져오는 것을 말한다. 다시 말해 웃음치료는 즐거움을 신체를 통해 웃음으로 표현함으로써 신체와 정신 및 사회적 관계를 건강하게 만들고 궁극적으로 인간의 삶의 질을 높이며, 행복을 찾을 수 있도록 도와주는 일련의 행동인지 치료라고 할 수 있다

### 3) 웃음과 웃음치료의 필요성

지금까지의 의학은 질병 중심의 의학으로 약물이나 시술 위주로 치료해 왔다. 질병 자체도 장기별로 접근하여 전인적인 치료를 하기보다는 현재나 과거 지향적인 치료 형태로 이루어져 왔다. 이러한 질병 치료 위주의 의학은 질병 전체의 20% 정도만 해결할 뿐이라고 『뇌내혁명』의 서문에서 저자 '하루야마 시게오'가 역설한 바 있다. 이것은 양방과 한방이라는 현대의학이 모든 질병을 치료할 수 있는 것은 아니라는 사실을 명백히 하는 것이다.

이것을 보완하는 치료 방법을 우리는 '대체의학' 혹은 '보완통

합의학'이라고 부른다. 웃음이 '참의학'이 되기까지는 참 오랜 세월이 걸렸다. 고대의 히포크라테스와 아리스토텔레스에서부터 웃음치료가 시작되었지만, 20세기에 이를 때까지는 크게 빛을 발하지 못하였다. 현대적인 의미에서 웃음의 효과를 규명하고 웃음치료의 태동을 가져오게 한 것은 20세기 중반의 '노만 커슨즈'이다.

그는 미국 토요 리뷰지의 편집장으로 50세에 강직성 척추염이라는 불치병에 걸려서 고생하던 중 어느 날 TV 코미디 프로그램을 보며 한참을 웃었는데, 신기하게도 2시간 정도 통증을 느끼지 않았다는 것을 알게 되었다. 이런 사실을 발견한 그는 캘리포니아 대학 부속병원의 초빙을 받아 본격적으로 웃음의 의학적 효과를 연구하기 시작하였고, 웃음의 임상적 효과를 인정받게 되었다.

노만 커슨즈는 그의 저서 『질병의 해부』에서 "웃음은 방탄조끼와 같다."고 하면서 긍정과 웃음치료의 탁월한 위력을 전파하였다. 그는 훗날 대학교수가 되어 웃음이 건강에 미치는 효과성에 대한 연구를 하였고, 이에 우리는 그를 '웃음요법의 아버지'라 일컫는다.

이후 의학계에 웃음치료에 대한 관심이 일어났다. 스탠퍼드대 의과대학의 윌리엄 프라이 박사는 40년간의 연구 끝에 웃음치료에 대한 체계를 세우고 유머와 웃음은 뇌하수체에서 엔도르핀과 같은 천연진통제를 생성시키며 혈액순환을 좋게 하고 스트레스를 줄인다고 밝혔고, 『치료제로서의 웃음』이라는 책을 발간하였다

1996년 미국 캘리포니아주 로마린다 의과대학 리 버크와 스탠리 탠 교수는 "웃고 나면 면역 글로불린이 3배 증가, 인터페론이 200배 증가한다."는 웃음의 의학적 치료 근거를 입증하였다. 그리고 리 버크 박사는 18년에 걸친 연구 끝에 웃는 사람의 몸속에서 자연 살상(NK)세포가 활성화된다는 것을 밝히면서 "진실에서 우러난 웃음은 혈액과 타액의 면역 글로불린 항체의 생성을 증가시키고 종양세포 증식을 억제하는 감마 인터페론을 증가시킨다. 웃음이야말로 대체의학이 아니라 참의학이다."고 명명하기에 이르렀다.

이러한 몇몇 선행연구만 보더라도 웃음치료가 필요한 것은 달리 말하지 않아도 충분히 알 수 있지만 몇 가지로 정리하면 다음과 같다.

- 질병 중심의 의학은 질병 치료 중심이었기 때문에 비만, 고혈압, 당뇨, 스트레스성 각종 질환을 완치하지 못하고 있다. 그러므로 질병을 치료 중심이 아니라 예방 차원에서 건강을 증진시키는 관점에서 보아야 한다. 여기에 적절한 방법이 있다면 그것은 바로 '참의학'으로 불리는 웃음치료라

웃는 사람이 성공한다

할 수 있다.

- 현대의학이 양방과 한방으로 질병을 진단하고 처방하고 치료하는 전통의학이라면, 이것으로 해결되지 않는 많은 부분을 위해서는 자연치유학, 심신의학, 아유르베다 등으로 불리는 대체의학 내지 보완통합의학의 힘을 빌려 와야 한다. 특히 강직성 척추염 같은 고질병이나 만성질환의 경우는 더더욱 그렇다. 여기에 좋은 대체의학의 하나가 바로 웃음치료이다. 웃음치료는 말기 암 환자의 암을 극복하는 훌륭한 방편으로도 활용되고 있다.

- 웃음치료는 히포크라테스의 말처럼 몸과 마음을 함께 치료하는 최고의 치료 방법이며, 아리스토텔레스의 말처럼 웃음은 건강에 유익한 육체 운동이다. 이것은 웃음이 행복을 추구하는 현대인들에게 가장 가까이 다가와 있는 스트레스를 줄여 주고, 마음의 여유를 찾고 행복을 찾는 데 긍정적인 효과를 준다는 의미가 숨어 있다.

- 웃음은 사회를 밝게 한다. 웃음치료는 평생교육과 건강에 특히 밀접하게 관련되어 있다. 여가 활동에 꼭 필요한 것이 있다면 건강을 위한 것인데, 이를 위해 적극 추천하는 것이 있다면 그것은 운동과 함께 여가 활동 프로그램인 웃음치료일 것이다. 일터에서 웃음을 잃은 사람들과 오랫동안 함께하기는 쉽지가 않다. 웃음은 사회의 모든 면에서 그 필요성

이 증대되고 있다.


## 웃음치료 프로그램을 활용하라

1) 웃음요법은 몸과 마음에 영향을 미친다

인간은 태어날 때 울면서 태어나고, 죽을 때는 가까운 사람들을 울리며 자연으로 돌아간다. 그러나 탄생과 죽음의 사이에 있는 삶 전체는 웃음과 밀접하게 연관되어 있다. 사람은 태어나서 몇 개월만 지나면 웃기 시작한다.

처음에는 배냇짓하는 웃음으로 시작했다면, 주변과의 관계에서 오는 웃음으로 발전해 나간다. 이렇듯 웃음은 우리가 성장하면서 공동체에서 배우는 것이며, 서로의 관계성을 형성해 준다. 또한 웃음은 본능적인 것이며, 이것은 우리 몸 안의 중추신경계에 의해서 통제를 받는다.

웃음은 유머에 반응하는 것이라기보다는 실질적으로 사람과 사람간의 좋은 관계를 형성하는 데 매우 밀접한 관련성이 있다. 즉, 웃음요법은 몸과 마음과 영혼에 영향을 미친다. Wilson은 '웃음클럽'을 통해 실질적인 웃음요법으로 대중에게 20분 동안 웃기 운동을 범민족운동으로 보급하고 있다.

여기에서 실시하는 웃음요법은 고대의 요가요법과 현재의 웃음요법을 결합시킨 것이다. 이 클럽에서는 30분 동안 호흡요법, 근육 이완요법, 그리고 다양한 종류의 웃음치료법을 앉아서, 서서, 또는 원을 그리면서 실시한다. 이런 웃음요법을 통해 현대인의 스트레스를 절대적으로 감축시킨다고 주장한다.

이처럼 웃음치료 프로그램은 우리의 심신에 좋은 영향력을 미칠 수 있다. 이러한 웃음치료 프로그램은 다음과 같이 몇 가지로 구분하여 설명할 수 있다.

## • 레크리에이션 웃음치료

레크리에이션은 영문 그대로 풀이하면 '다시 창조한다'라는 의미이다. 심신의 피로를 풀고 여가 시간에 놀이나 오락을 즐기는 일이다. 스스로 즐겁게 참여하는 창조적이며 건설적인 여가 활동이다.

레크리에이션은 '회복하다', '새롭게 한다'는 뜻을 지닌 라틴어의 '레크레아싸오'에서 유래된 것으로, 그 근원을 살펴보면 1885년경 미국의 어린이 놀이터 만들기를 중심으로 한 운동장 놀이에서부터 시작되었다고 한다. 우리나라는 1960년대 초에 시작된 것으로 보고 있다.

레크리에이션은 재창조, 개조, 새롭게 만든다는 의미와 유희, 휴양, 오락, 취미, 기분 전환이라는 의미도 지닌다. 이를 종합하면 레크리에이션은 '건전한 여가 선용을 위한 프로그램으로, 집단 활동의 역동을 통해 자기 발견과 자기 계발을 할 수 있고, 원만한 인간관계를 형성시켜 주는 가장 자연스러운 활동'이다.

놀이 능력이 성인들에게는 정서적인 안정과 긍정적인 가족 관계를 유지하기 위한 것으로 재창조적인 가치를 가져다준다. 레크리에이션은 인간에게 있어서 많은 자기표현의 기회를 주고, 생활을 밝고 즐겁게 그리고 창조적이며 아름답게 만들어 준다. 이러한 레크리에이션에는 여러 종류가 있다.

신체적 레크리에이션으로는 각종 스포츠, 야외 활동(등산·낚시·사냥·캠프), 무용 등이 있다. 지적 레크리에이션으로는 독서, 문화, 과학, 수집, 연구, 조사, 탐험, 웅변, 퀴즈 게임 등이 있다. 예술적 레크리에이션으로는 문학, 연극, 영화, 음악, 수예, 미술, 사진, 공작 등이 있다. 사회적 레크리에이션으로는 담화, 야유회, 봉사, 축제, 자연보호활동 등이 있다. 정서적 레크리에이션으로는 장기, 바둑, 꽃꽂이, 명승지, 고적 답사, 여행 등이 있다.

레크리에이션 웃음치료에서 가장 중심이 되는 것은 단체로 놀이를 하는 것이다. 놀이를 즐겁게 함으로써 마음을 가볍게 하고 즐거운 감정을 불러일으키는 것이다. 레크리에이션은 그 종류가 다양한 만큼 참가 대상에 따라 적합한 활동을 선택하여 체계적으로 사용하는 것이 좋다. 박수게임, 단체게임이 대표적이라고 할 수 있다.

• **노래와 율동 웃음치료**

웃음치료에서 노래와 율동은 빼놓을 수 없다. 합창으로 노래하고, 율동을 하며 춤을 춤으로써 일체감을 높여 주고 운동 효과도 가져오는 웃음치료 프로그램이다. 함께하는 사람들이 서로 긴장을 풀어 주고 스트레칭하게 하고 장단에 맞게 합창하며 스킨십까지 할 수 있다.

웃는 사람이 성공한다

노래와 율동을 통해 몸의 근육을 이완시키고 어깨의 무게감을 덜어 내면 마음도 한결 부드러워지고 걱정거리도 덜어낼 수 있다. 대상자의 특성에 따라 빠르고 느리게 조절하여 웃음치료를 하면 더 효과적이다. 웃음댄스를 통해 땀까지 흘릴 수 있으면 더욱 효과적일 것이다.

음악은 모든 연령층에게 표현의 수단이 될 수 있고, 감정에 강한 영향과 감동을 주며, 엔케팔린의 분비를 도와 도파민의 활성을 돕는다. 활동적이든 수동적이든 노래나 악기를 동원한 음악은 모든 사람에게 쉽게 제공될 수 있다.

율동은 움직임을 통해 표현을 하는 것이다. 춤(댄스)도 여기에 속한다. 춤은 현대무용, 민속무용, 레크리에이션 댄스, 요가, 에어로빅 등 여러 가지 형태로 표현될 수 있다. 이러한 다양한 노래와 율동은 노래와 리듬 속에서 몸동작을 자유롭게 하는데, 특히 단체율동을 통해 일체감과 즐거움을 함께 느낄 수 있다.

• **단체놀이와 운동 웃음치료**

놀이는 혼자보다 단체로 팀을 이루어 하는 것이 훨씬 재미있다. 팀이 함께 노래나 율동을 경연대회처럼 해도 좋고, 공작물 만들기를 해도 좋다. 진행자의 명령에 따라 팀이 일사분란하게 조화와 균형을 이루며 몸을 활동적으로 움직이는 가운데 즐거움을 느끼는 것이다.

단체놀이는 이기면 이겨서 기분이 좋고, 지면 지는 대로 팀이 함께 반성할 기회를 얻기 때문에 즐거움으로 남는다. 안전사고에만 유의하면 단체놀이는 스킨십을 자연스럽게 유발할 수 있고, 팀을 위한 일체화된 마음으로 협력하게 되어 더욱 보람을 느낄 수 있다.

그리고 세상에서 건강에 좋은 것이 무엇인지 물으면 대부분 운동이라고 답을 할 것이다. 그런데 운동을 할 때도 웃으면서 할 수 있으면 더욱 좋다. 웃으면 몸과 마음이 이완되기 때문에 운동을 해도 더 유연하고 기분 좋게 할 수 있다. 미국에서 웃음 다이어트가 인기 있는 이유도 아마 이러한 트렌드를 반영한 결과일 것이다.

웃으면서 운동을 하면 사람의 얼굴 근육 80여 개, 몸 근육 650여 개, 뼈 200여 개, 오장육부가 웃음의 강도에 따라 활성화될 수 있다. 그래서 웃음 자체가 바로 운동이 된다. 아리스토텔레스가 웃음은 건강에 유익한 육체 운동이라고 말한 것과도 이와 상통한다.

우리가 15초만 크게 웃어도 12칼로리의 열량을 소모하고, 3분간만 웃어도 윗몸 일으키기를 25회 한 것과 같은 효과가 있는데, 이 정도의 운동이 되려면 웃음호흡부터 시작하여 웃음스트레칭까지 배워야 효과적이다.

이와 같이 웃음치료 프로그램은 다양하게 만들어진다. 이외에도 웃음의 종류나 활동의 종류에 따라, 혹은 이런 것들을 서로 혼합하여 더 다양한 웃음치료프로그램을 만들 수 있다. 몇 가지 웃음치료 프로그램을 예시하자면, 포인트 웃음치료, 사자 웃음치료, 하이파이브 웃음치료, 포옹 웃음치료, 토끼 웃음치료, 간지럼 웃음치료, 맘보춤 웃음치료 프로그램 등 여러 가지가 만들어질 수 있다.

## 2) 웃음의 치료적 효과

**• 신체 생리기능에 미치는 효과**

웃음은 즐거움을 표현하는 것으로 웃을 때는 후두부와 횡격막, 안면 근육들이 이완과 수축을 하면서 혈액순환에 영향을 미치고 머리와 목으로 가는 피의 공급이 증가되어 얼굴이 붉어진다. 호흡도 깊어져 폐와 공기 순환이 크게 활성화되고 심장박동이 증가하고 온몸은 쾌락 반응으로 활성화된다. 미국 스탠퍼드의대 윌리엄 프라이 박사가 웃음과 건강의 관계를 40년간 임상적으로 연구한 결과, 신체적 생리 기능에 미치는 효과는 다음과 같다. 뇌하수체에서 엔도르핀 등의 자연 진통제가 생성된다. 부신에서 통증과 염증을 낮게 하는 신비한 화학 물질이 나온다. 또한 스트레스 호르몬의 분비량이 줄어들고, 심장 박동 수가 높아져 혈액순환이 좋아진다. 3~4분의 웃음으로도 맥박이 배로 증가되고, 혈액에 산소가 더 많이 공급된다. 그뿐만 아니라 혈액과 위장, 어깨 주위의 상체근육이 운동을 한 것과 같은 효과를 얻게 된다.

또한 미국의 존스홉킨스 병원의 임상결과에서는 "웃음이 순환기를 청소하고, 소화기를 자극하고, 혈액순환을 높인다."는 것으로 정리된다. 미국 UCLA 대학병원 프리드 박사는 하루 45분 웃으면 고혈압이나 스트레스를 치료할 수 있다고 하였다. 미국 인디애나주 메모리얼병원에서도 "15초 웃으면 이틀을 더 살 수 있다."는 내용을 발표하였다.

그리고 미국 메릴랜드대학 메디컬센터 마이클 밀러 박사는 "웃음이 심장병 예방에 효과가 있다."는 사실을 밝혀냈다. 18년 동안 웃음을 연구해 온 리버트 박사는 웃는 사람의 혈액을 채취하여 분석해 본 결과, 바이러스나 암세포를 공격하는 NK세포의 활성도가 높아져 있음 밝혀냈다.

• **심리적 기능에 미치는 효과**

고대의 의사의 성인이라 불리는 히포크라테스는 건강이 몸과 마음의 균형으로 보았다. 그는 웃음이야말로 몸과 마음을 함께 치료하는 최고의 치료방법이라고 하였다.

웃음은 다른 사람과의 적대감을 약화시킬 뿐만 아니라 웃는 사람의 긴장감도 줄여 준다. 정신분석학자 프로이드는 웃음과 유머가 억압된 적대감을 해롭지 않은 방식으로 정화시켜 주기 때문에 심리적 긴장을 완화시키는 기능을 갖고 있다고 주장하였다.

노만 커즌스는 자신이 직접 참여한 프로그램에서 웃음으로 치유를 경험한 후에 웃음은 건강을 증진시킨다고 확신하고 이를 일반에게 널리 보급하였다. 웃음은 특히 자신감, 자아 존중감, 안녕에 부정적인 영향을 미칠 수 있는 사람에게 상황을 변화시킬 수 있는 가능성에 노출시켜 주고, 사람을 여유 있게 해 준다고 하였다.

통쾌하게 웃으면 사회생활에 있어 긴장을 풀 수 있고, 개인 생활의 스트레스를 해소할 수 있다. 희극적 웃음은 생리적 이완과 심리적 억압으로부터 해소할 수 있도록 도와준다. 웃음이 희극의 가장 두드러진 특징이며, 웃음을 통해 카타르시스와 해방감을 얻는다. 웃음은 정신 이완 작용을 하는데,

긴장 이완과 감정 노출의 변화는 웃음의 전조에 불과하며, 웃음의 효과는 자기 자신을 돌아보게 한다고 한다.

• **사회적 기능에 미치는 효과**

웃음치료 프로그램이 사회적 기능을 한다고 보고 있다. 왜냐하면 웃음이 한 사회의 편견이나 관습에 관계하는 사회적 상징성을 지니기 때문이다. 우리나라 조선시대에 웃음보다는 양반이나 선비로서의 근엄함을 중시한 것도 이런 사회적 기능이라 할 수 있다. 이런 연유로 서민을 중심으로 해학 과 풍자가 다양한 형태로 나타난 것도 주목할 만하다.

웃음은 사고의 틀을 넓히고 쉽게 통찰할 수 있게 한다. 또한 웃음을 나눔 으로써 친밀감, 소속감, 따스함, 우호감을 증진시킬 수 있다. 메릴랜드대학 의 Provine는 '웃음에 관한 과학적 탐구'에서 웃음은 그저 유머에 대한 생 리적인 반응이 아니라 인간관계를 돈독하게 해 주는 사회적 신호 중의 하 나라고 주장하였다. 웃으면서 일을 함께하는 사람들은 일에 대한 열정이 향상되어 보다 더 일을 잘 수행해 낼 수 있고, 억압된 감정을 경감시켜 주 며 자긍심을 높여 준다고 한다.

# 웃음이 많은 기업이 생산성이 증대된다

미국의 로버트 프로빈 교수는 웃음이 많은 기업이 웃지 않는 기업에 비해 평균 40%에서 많게는 300%까지 생산성이 증대되었다고 언급한 바 있다. 이는 웃음이 많은 기업이 업무에 대한 적응력과 실적 면에서 그렇지 않은 기업보다 훨씬 탁월하다는 것이다.

세계 최고의 자동차 판매 왕으로 이름을 날린 조 지라드는 아직도 수많은 영업사원들에게 전설적인 이름으로 알려져 있다. 그는 웃음의 위력을 알지 못하는 세일즈맨은 결코 성공할 수 없다고 단언한다. 인간에게 얼굴이 있는 것은 먹기 위해서나 세수하기 위해서가 아니며, 면도하기 위해서도 아닌 오직 웃기 위해서라고 한다.

펀 경영에서 중요한 부분을 차지하는 유머는 성격이라는 측면에서도 접근되기 때문에 유머에 따른 개인차에도 관심이 집중되고 있다.

## 웃음 습관 키우기

### 1) 건강을 원한다면 웃어라

사람들은 누구나 웃는 것이 좋다는 것을 알고 있다. 기쁘거나 즐거울 때, 감격받았을 때, 겸연쩍거나 어색할 때도 미소로써 사람들은 자신의 감정을 표출한다. 아주 심각한 경우만 아니라

웃는 사람이 성공한다

면 웃음은 마주 보는 이들마저도 미소 짓게 만들어 준다. 그리고 그 주변을 밝히고, 얽히고설킨 매듭을 푸는 일도 가능케 하여 준다. 이렇듯 웃음은 사람들의 감정을 표현해 줄 뿐만 아니라 가슴속에 깊이 응어리진 화까지도 정화시켜 주기도 한다.

웃음에는 수없이 많은 마력과 힘이 숨어 있다. 행복을 느끼는 얼굴에는 언제나 잔잔한 미소가 흐른다. 하지만 최근 들어 코로나19로 인해 마스크를 써야 하는 상황이고 사회적 거리 두기 때문에 경제도 너무나 어렵고 속 시원한 일 하나 없이 지내다 보니 퇴근길 전철 속 사람들은 모두 근엄하고 무서운 표정들이 많다. 그들은 한결같이 지치고, 심각한 표정으로 어느 한 곳을 응시하고 있어, 지하철 안 풍경은 늘 어둡고 사람들의 어깨는 한없이 처져 있는 듯이 보인다.

웃음은 강한 전염성을 가지고 있다. 웃음은 주변에 있는 사람마저도 밝고 긍정적으로 건강을 유지할 수 있게 도와준다. 내게 조금만 용기가 있었다면 나는 외쳤을 것이다. "웃으세요. 성공을 꿈꾼다면 다 함께 웃으세요."라고.


## 2) '웃음'은 신이 준 선물이다

오래전부터 사람들은 웃음의 가치를 어렴풋이 알고 있었지만 20세기 후반 들어 뇌-신경-면역학이 발달함에 따라 그 가치가 과학적으로 밝혀지고 있다.

웃음을 연구하는 학자들에 따르면, 마음을 나타내는 사람의 표정은 지구 어느 곳에서나 같다고 한다. 이처럼 말과 문화는 서로 달라도 표정은 세계 공통어인 것이다. 화난 표정이나 슬픈 표정, 그리고 기쁜 표정은 인종이나 언어가 달라도 금세 알아차린다.

그런데 우리는 지금까지 세계 공통어인 표정에 너무 소홀히 해 왔다. 모든 사람이 피곤에 지친 짜증스러운 얼굴을 하고 있다면 어떤 외국인이라도 불쾌감을 느낄 수밖에 없다. 반대로 미소 띤 얼굴은 누구에게나 호감을 준다. 인간이 할 수 있는 여러 가지 감정 표현 중에서 웃음은 신이 준 가장 큰 선물이다.

하회탈에는 유교(儒敎) 문화에 억눌린 서민의 웃음이 있고, 채플린의 희극에는 어려움을 이겨 낸 역경의 미소가 있다. 아인슈타인이나 프로이트도 어린아이처럼 웃음을 즐겼다. 두 과학자는 웃음을 통해 동심의 세계로 돌아갈 수 있었고, 새로운 눈으로 세상을 바라보며 새 질서를 만들어 냈다. 이처럼 웃음은 한 사람의 억압된 한을 녹여 주기도 하지만, 천재의 창조를 통해 세계 문화 발전에도 기여한다.

미소를 잃지 않기 위해서는 그것을 알고 실천에 옮기고자 노력해야 한다. 만약 당신이 지금 이 순간 미소를 짓고 있다면 행복 보따리를 풀어놓는 것으로 그 보답을 줄 것이다.

웃는 사람이 성공한다

## 3) 웃음이 주는 가치는 무한하다

### • 웃음의 가치는 사람에 따라 다르다

웃음을 통해서 얻을 수 있는 효과는 무궁무진하지만 그 결과의 내용물은 사람에 따라 다르다. 사람들은 자신이 처한 상황, 주변 환경, 기대치에 맞는 변화만을 감지하고 받아들인다. 피해의식에 사로잡힌 사람이라면 아무리 유쾌한 웃음이라고 해도 자신을 조롱한다고밖에 생각하지 않을 것이다. 무언가를 얻고 채우기 위해서는 그만큼의 지식과 고집을 덜어 냄이 중요하다. 때로는 확고한 믿음이 진실을 가로막는 장애물이 되기도 한다. 세상의 끝이 절벽이라고 조금도 믿어 의심치 않는다면 콜럼버스는 세계 일주를 수십 번 한 후에도 지구가 둥글다는 사실을 깨닫지 못했을 것이다. 진실은 늘 손만 뻗으면 닿는 곳에 있다. 다만 보지 못하고 있을 뿐이다.

### • 건강한 사람이 아름답다

대부분의 사람들은 웃음이 건강과 밀접한 관계가 있다는 사실을 경험에 의해서 어느 정도 알고 있다. 이것은 나이가 든 사람일수록 더 실감하게 된다. 건강이 좋지 않을 때는 매사를 부정적으로 보게 되고, 웃음 또한 나올 리 없다.

환자들이 가득 찬 병실에서는 웃음소리가 들리지 않는다. 오히려 큰 소리로 웃는 사람이 바보처럼 여겨지기도 한다. 하지만 학교 운동장이나 놀이마당 공연장에서 들리는 유쾌한 웃음소리는 주변을 지나치는 사람들마저도 흥겹게 한다. 옆 사람에서 옆 사람으로 전해지면서 점점 더 흥겨워진다. 그곳에 목발을 짚은 사람이 서 있다고 해서 부적절하거나 어색하게 여기는 사람은 없을 것이다.

하지만 공연장을 가득 메운 흥겨운 웃음소리가 전부 병원으로 옮겨 간다고 해도 똑같은 효과를 얻을 수 있는 건 아니다. 병원에는 건강한 사람보다는 건강이 좋지 않은 사람들이 모여 있고, 기쁨보다는 슬픔, 즐거움보다는 괴로움이 많은 곳이기 때문이다. 건강이 넘치는 곳에서는 웃음이 넘치고 건강이 사라진 곳에서는 웃음도 사라진다.

## 4) 건강이 있는 곳에 웃음이 있다

이렇듯 웃음은 건강의 척도를 가늠하는 기준이 되기도 한다. 그러나 건강이 나쁘거나 몸이 정상이 아니라고 해서 웃음을 멀리해서는 안 된다. 오히려 그럴수록 웃음을 가까이해야 한다. 건강한 사람의 미소가 아름답듯이 늘 웃는 사람이 건강해질 수 있기 때문이다.

### • 웃음은 병을 낫게 한다

미국의 유명한 저널리스트인 노만 커즌은 류머티즘의 일종인 강직성 척추염을 앓다가 웃음과 유머로 병을 이겨 냈다. 강직성 척추염에 특효약이 없다는 사실을 안 노만은 병원을 나와 웃음과 유머를 즐겼다. 노만은 코미디 프로를 보면서 유쾌하게 웃고 난 다음에는 진통제의 도움 없이도 잘 수 있었고, 자신도 느끼지 못하는 사이 병세가 점점 더 호전되어 갔다. 결국 웃음과 유머로 병을 이겨 낸 노만은 웃음의 전도사가 되어 웃음에 관한 강의를 하면서 그 내용을 책으로 써냈고 현대 웃음학을 열게 되었다.

그런데 웃음이 어떻게 치유하는 데 효과가 있을까를 과학적으로 증명하는 일은 쉽지만은 않다. 먼저 우리가 화를 냈을 때 해로운 현상이 우리 몸에서 일어나는지 알아보는 것이 웃음의 가치를 이해하는 데 도움이 될 것 같다.

사람이 스트레스를 느끼거나 불쾌한 일을 겪으면 사람 몸은 '도망가거나 싸우기' 위한 준비 체계로 바뀐다. '도망가거나 싸우기' 위한 신호가 전달되면 콩팥 옆에 있는 부신에서 스트레스 호르몬이 분비되고, 사람 몸을 전투태세로 바꾼다.

그와 동시에 스트레스 호르몬은 교감신경을 자극한다. 교감신경이 자극되면 심장이 빨리 뛰게 되고 얼굴이 벌게지거나 하얗게 질린다. 침이 마르고 위액이 줄어들어 소화 활동이 나빠진다.

이러한 비상 상태가 끝나고 나면 호르몬이 남아 몸을 서서히 망가뜨린다. 스트레스와 불쾌함으로 나오는 호르몬을 없애는 방법으로 웃기와 운동이 있다. 웃으면서 불쾌함을 동시에 느낄 수 없으므로 웃는 순간에는 나쁜 호르몬이 나오지 않는다. 운동도 나쁜 호르몬을 없애는 좋은 방법이다.

• 웃음은 백약보다 낫다

밝고 명랑한 사람과 자주 유흥을 즐기는 사람의 인생은 어떻게 달라지는지를 밝혀 주는 재미있는 연구 보고서가 있다. 이 보고서는 '웃음은 백약보다 낫다'는 사실을 여실히 보여 준다.

미국 존 홉킨스 의과대학은 학생의 성격을 세 분류로 나누어 조사해 보았다. A그룹은 주어진 일을 견실하고 차분히 해내는 인내심이 강한 그룹이고, B그룹은 대단히 밝고 활발하며 교제성이 좋은 그룹, C그룹은 머리가 굉장히 좋으나 기분파여서 무엇을 해도 오래가지 않는 그룹이었다.

이 세 그룹을 나누어 30년 후 어떤 질병에 걸렸는지 조사해 보았더니 분명한 차이를 보였다. 잘 웃는 성격의 사람은 질병에 시달리는 확률이 10% 미만이었던 반면, 그렇지 못한 사람은 절반 이상이 성인병을 비롯한 각종 질병에 시달리고 있었다. 지금 우리 주변을 둘러보면 이 연구 보고서가 어느 정도 신빙성이 있는지 충분히 헤아릴 수 있을 것이다

## 5) 웃음은 인생을 즐겁게 한다

인간의 감정 표현을 둘로 나누면 웃음과 울음이 있다. 울고 웃는 일이 확률로 치면 절반씩이라는 뜻이겠지만, 그렇다고 감정이나 운명에 내맡길 수는 없다. 표정은 마음의 발로이지만 마음은 표정에 의해서 지배되기도 한다. 따라서 슬프고 괴로울수록 크게 웃고 때로는 자신을 유쾌하게 만들어야 할 필요성이 있다.

사람은 '결과의 웃음' 말고도 '미리 웃는 웃음'이 가능하다. 웃도록 이끌면 충분히 웃을 수 있다. 마음의 여유 없이 결과만을 기다린다면 그 사람은 보다 소중한 것을 잃게 될지도 모른다. 어렵고 힘 든 상황일수록 웃을 수 있는 여유를 잃지 않는 것이

웃는 사람이 성공한다

중요하다. 즐거운 사람들의 대부분은 즐겁게 살려고 노력하는 사람들이다. 그리고 그 시작은 웃음에서부터 출발한다.

## • 웃음은 고민을 잊게 한다

우리는 일상생활 속에서 끊임없이 고민한다. 일, 생활, 인간관계, 외모, 때로는 사랑에 이르기까지 끊임없이 고민에 빠지고 스트레스를 받는다. 전혀 고민거리가 없는 사람이 있다면 생각이 없는 사람이라고밖에 생각할 도리가 없다.

하지만 모든 고민의 성격이 전부 부정적인 것만은 아니다. 발전적 측면에서의 고민은 인간 성장의 밑거름이 되기 때문이다. 세상을 바꾼 위대한 발견은 언제나 개인의 소소한 고민에서부터 출발했다. 만유인력의 법칙 역시 "사과가 왜 땅으로 떨어질까?"라는 다소 엉뚱한 고민에서 시작되었다는 사실을 모르는 이는 없을 것이다. 만약 뉴턴이 그런 고민을 하지 않았다면 우리는 아직도 중력을 이해하지 못하고 있을지도 모른다.

사람들은 살아가면서 수많은 문제와 맞닥뜨리지만 진보를 위한 발견과 성장은 문제를 인식하고 그것을 해결하기 위한 고민에서부터 시작된다. 문제를 문제로 인식하지 못하고 즐거워하는 사람이 있다면, 그 사람은 육체적 성장만을 거듭하고 있을 뿐이다.

물론 고민을 한다고 해서 매번 문제를 해결할 수 있는 건 아니다. 때로는 아무리 시간과 노력을 기울여도 해결하지 못하는 고민을 접하게 되기도 한다. 이러한 상황에 처한 사람이라면 먼저 웃어 보라고 권하고 싶다. 앞에서도 언급했지만 웃음은 정화 작용을 한다. 웃음은 고민으로 인한 스트레스를 여과시키고 정신을 맑게 해 준다.

한곳으로 모든 신경이 함몰되면 오히려 객관적이고 다각적인 시각을 잃어버릴 때가 많다. 도무지 해결의 실마리가 보이지 않을 때라면 무엇보다도 웃을 수 있는 여유를 되찾는 게 중요하다.

• **웃음은 사람을 모이게 한다**

웃음은 멀리 들리고 울음은 가까이 다가서야 들린다. 웃음은 밖으로 향하고 울음은 안으로 파고든다. 웃음은 사람을 끌어들이고 울음은 사람을 뿌리친다.

웃음이 있는 곳에 사람이 모이는 이유는 사람마다 마음속으로 웃음을 바라기 때문이다. 웃음이 행복의 상징이고 웃음이 행복을 가져다준다는 사실을 사람들은 무의식 속에서 알고 있기 때문에 웃음이 있는 곳으로 모여든다.

그래서일까? 가격과 품질 면에서 차이가 없다면 손님들은 서비스가 좋은 상점을 찾게 된다. '기브 앤드 테이크(give and take)'에서 '테이크(take)'라는 반대급부가 없어도 푸짐하게 줄 수 있는 것이 웃음이라는 서비스다. 손님을 맞이하는 종업원의 태도에 따라 매출이 얼마든지 달라진다는 건 굳이 비교해 보지 않아도 쉽게 짐작할 수 있을 것이다.

만약 서비스업이라면 그 차이는 더욱 벌어질 수밖에 없다. 웃음은 최상의 서비스이자 매장을 찾은 손님과의 첫 번째 교감이기 때문이다.

웃는 사람이 성공한다

## 6) 웃으면 돈이 생긴다

이 말만 듣고 한 가지 의문을 품을 것이다. 돈을 버는 일이 그토록 쉽다면 누가 가난하게 살겠는가? 하지만 누구나 부자가 될 수는 없을지언정 돈이 생기는 것만큼은 사실이다. 늘 미소를 잃지 않는 사람 주위에는 사람들이 모여들고 좋은 인간관계가 성립되기 때문이다.

그러한 대인관계는 정보의 흐름을 원활하게 하고 호의적인 도움을 받는 일을 가능케 한다. 굳이 찾아다니지 않는다 하더라도 웃음의 혜택을 받은 예는 주변에서 얼마든지 발견할 수 있다. 온 가족의 웃음소리가 들리는 집은 자식의 성격을 밝게 만든다.

기분이 좋으면 표정이 환해지고 웃음이 나오지만 환환 얼굴로 미소 지으면 마음이 편안해지기도 한다. 감정을 나타내는 얼굴 표정은 문화나 종족의 차이에 관계없이 같다고 한다. 우울한 표정이든 기분 좋을 때 짓는 표정이든 세계 어느 곳에서나 같다.

그런데 사람들에게 불쾌한 표정을 짓게 한 다음 생리적 변화를 살펴보니, 불쾌한 사람들에게 일어나는 생리적 현상과 동일한 결과를 보였다. 찡그린 얼굴을 하고 있으면 우울할 때 보이는 생리적 변화가 나타나고, 웃음을 띠고 있으면 편안할 때 드러나는 생리적 변화가 나타난다.

사람의 마음에는 두 가지 감정이 공존할 수 없다. 사랑과 증오를 동시에 느낄 수 없고, 웃음과 화를 동시에 느낄 수도 없다.

얼굴에 웃음을 실으면 몸은 웃음의 영향을 받아 편안한 상태가 되고, 얼굴을 찡그리면 몸은 그 영향을 받아 우울해지거나 불쾌해진다.

근육이 운동으로 길들여지듯이 성격과 마음도 표정으로 길들여질 수 있다. 웃는 훈련을 꾸준히 하면 밝은 성격은 자연스럽게 만들어진다.

### 7) 웃음은 외모를 아름답게 한다

웃음은 마음을 열었다는 신호이다. 그렇기에 웃는 모습은 외모를 아름답게 만들어 준다. 누구나 유쾌하게 웃으면 노 젓기 운동 2~3분 한 것과 같은 운동 효과를 본다. 사람은 웃을 때 횡경막이 평소보다 움직이게 되어 충분한 호흡이 되고, 평소 쓰지 않는 복근이 움직이게 되어 내장의 운동이 늘어나게 된다.

따라서 운동을 하지 않는 사람이라도 하루에 다섯 번 이상 유쾌하게 웃고 나면 하루 권장 운동량에 해당하는 운동 효과를 볼 수 있다. 또 실컷 웃고 나면 기분 좋은 편한 상태가 되는데 이는 심장이나 호흡, 그리고 내장이 편한 상태로 돌아오고 편한 호르몬이 분비되기 때문이다. 배꼽 잡고 웃다 보면 소화는 저절로 된다.

### 8) 인간관계에 도움을 준다

사람들은 상대방과 대화를 할 때 자신이 어떤 표정을 하고 있는지 모르는 경우가 많다. 대부분 이야기에 몰입하거나 분위기에 휩쓸려서 표정에까지 신경 쓸 겨를이 없기 때문이다. 하지만 환자와 대화를 나누다 보면, 의사의 표정이 얼마나 중요한지 깨닫게 된다.

점심시간을 20분 앞두고 근처 학교 선생님이 진료실을 찾아왔다. 그 선생님은 자신의 병에 대해 자세한 설명을 원하고 더 나은 상급 의료기관으로 소개까지 해 달라고 했다. 나는 점심 약속이 있어서 마음이 급했지만, 그 선생님의 병을 엑스선 사진과 해부학 책을 곁들여 가며 선택할 수 있는 여러 가지 치료 방법에 대해 설명했다. 그러나 20분이 지난 후에도 선생님은 계속 질문했다. 나는 10분 안에 대화를 끝내자는 제안을 하고 그가 궁금해하는 부분을 마저 설명하였다.

그렇게 서둘러 상담을 마무리 짓고 약속 장소로 나가려다가 나는 문밖에서 들려오는 소리를 듣고 깜짝 놀랐다. 그 선생님이 간호사에게 소리를 지르며 불평을 쏟아내고 있었기 때문이었다. 간호사는 물론이고 나조차도 영문을 몰라 어리둥절했다. 그 선생님은 30분 동안 무슨 얘기를 들었는지 하나도 모르겠다고 하였다. 기억나는 건 약속 시간에 쫓겨 이야기를 빨리 끝내고자 하는 내 표정뿐이라는 것이었다. 내 태도에 부담을 느낀 선생님은 정작 중요한 상담 내용에 대해서는 하나도 기억하지 못하고 있었던 것이다.

그날 이후 나는 복잡한 설명을 필요로 하는 환자를 만나면 먼저 웃음을 지어 보인다. 대부분의 사람들은 설명이 약간 부족해도 내 태도가 부드러우면 고마움을 표시한다. 대화를 나눈 후 가장 기억나는 것은 태도이고 그다음이 목소리, 그리고 내용이라고 한다. 대화를 나누면서 끝까지 미소를 잃지 않았다면 이미 절반의 점수는 얻고 들어간 셈이다.

### 9) 웃으면 장수한다

'일노일로(一怒一老), 일소일소(一笑一小)'라는 말은 화를 낼 때마다 늙어지고, 웃을 때마다 젊어진다는 뜻이다. 오래 사는 사람들은 한결같이 얼굴 표정이 매력적이고, 잘 웃는다. 노화를 예방하는 방법은 대략 다음과 같은 것들이 있다. 참고하면 하루라도 더 젊게 살 수 있지 않을까 생각된다.

- 어떤 일에도 호기심을 잃지 말라.
- 어떤 일에도 구애 받지 말고 미소를 잊지 말라.
- 몸을 자주 움직이고 음식은 잘 씹고 오감을 자극하라.

### 10) 직장 생활에 활력을 준다

우리나라 직장인들은 집에서 잠자는 시간을 빼면 거의 모든 시간을 직장에서 보낸다고 봐야 한다. 직장 생활이 곧 인생인 셈

웃는 사람이 성공한다

이다. 그러니 직장 생활이 즐거우면 인생이 즐거울 수밖에 없다.

직장은 질서로 이루어지며 경쟁 또한 치열한 곳이다. 직장인들은 늘 윗사람의 눈치를 살피며 긴장을 늦추지 않는다. 이 때문에 지속적인 스트레스에 시달리는 직장인들은 위장병을 앓는 경우가 많다. 초조하게 가슴을 죄는 일이 반복되면 진한 위액이 분비되어 위벽을 상하기 쉽기 때문이다.

이런 직장인들에게 무엇보다 필요한 것은 웃음이다. 웃음은 삶의 여유와 활력을 불러오기 때문이다. 앞에서도 말했지만, 웃음은 초조와 불안 등의 독소를 정화시키는 작용을 하고 긍정적인 사고를 갖게 한다.

혹시 윗사람의 기분에 따라 분위기가 바뀌는 회사 사정을 너무 모른다고 말하는 사람이 있을지도 모르겠다. 그러나 긴장이 심한 곳일수록 웃음은 더욱더 필요하다. 웃음은 좋은 일이 생긴 후 나타나는 현상이지만, 웃고 있으면 좋은 일이 생기기도 한다. 당신이 지금 웃고 있다면 누군가는 미소로써 답해 줄 것이다.

## 11) 웃음은 고난도 이겨 낸다

두 딸을 가진 40대 여성은 유방암 진단을 받고 무기력과 좌절의 시간을 보냈다. 치료 효과는 늦게 나타났고 그녀의 머리카락은 한 올 한 올 빠져나갔다. 친구들과 이웃의 도움은 따뜻했다. 이웃들은 음식을 만들어 이 여성의 가족을 돌봤고, 친구들은 병실을 찾아 위로의 말을 전했다. 따뜻한 이웃과 정다운 친구도 자신의 주변을 맴돌며 조심스러워할 뿐 어느 누구도 웃지 않았다.

그러던 어느 날 문병 온 친구가 재미있는 유머를 들려주었는데, 잠자코 듣고 있던 그녀는 갑자기 웃음을 터뜨렸다. 그녀는 친구의 재치에 감탄하며 배가 아플 만큼 실컷 웃었다. 암 선고를 받은 이후로 처음 웃는 웃음이었다. 오랜만에 재미있는 시간을 보낸 그녀는 친구가 돌아간 후 몸에서 일어나는 변화를 느꼈다. 더없이 기분이 좋아지고 마음이 편했다. 웃음 없이 살았던 지난 몇 개월의 시간이 얼마나 힘들었는지 새삼 깨달았다.

그날 이후로 그녀는 더 많이 웃으려고 애쓰고 더 많은 유머를 즐기려고 노력했다. 그리고 마침내 암을 이겨 냈다. 그녀는 웃음과 유머가 회복에 중요한 역할을 차지했다고 당당히 말한다. 친구의 도움으로 깨달은 웃음과 유머가 그녀의 마음에 드리워진 장막을 걷어내고 빛이 들게 했다는 것이다.

• **치료로서의 유머**

오래전부터 의학자들은 웃음, 유머 그리고 낙관적인 생각이 건강에 이롭고, 우울하고 비관적인 생각이 건강에 해롭다는 사실을 안고 있었다. 일부 의사들은 히포크라테스 시절부터 웃음을 치료의 방편으로 이용했고, 1950년대 일부 두통 전문의들은 편두통의 일차 치료법으로 '배꼽 잡고 웃기'를 권했다. 1979년 노먼 커즌이 『병의 해부』를 펴낸 다음, 치료약으로서 웃음과 유머

웃는 사람이 성공한다

는 의학계의 새로운 관심거리로 떠올랐다. 커즌은 강직성 척추염 환자였다. 강직성 척추염은 염증이 골반에서 시작하여 척추로 번져 척추가 대나무처럼 굳어지는 류머티즘의 하나이다. 이 병이 진행되는 동안 환자는 극심한 통증에 시달리게 된다.

이 병에 대한 뚜렷한 치료법이 없다는 사실을 안 노먼은 병원에서 퇴원하고 가까운 호텔에 들어갔다. 그는 거기서 코미디 테이프와 몰래카메라 비디오를 실컷 보았다. 그가 나중에 기록한 글을 보면 그는 10분간 배꼽 잡고 웃고 나면 두 시간은 진통제의 도움 없이 편하게 잘 수 있었다고 한다.

웃음의 효과는 의사들을 통해서도 확인되었다. 노먼의 적혈구 침강 속도가 떨어진 것이다. 이것은 노먼의 몸에서 염증이 가라앉았다는 사실을 뜻한다. 노먼은 마침내 병을 이겨 냈다. 웃음이 이 병을 몰아냈는지 확실하지 않지만, 적어도 웃음이 이 병을 치료하는 데 큰 역할을 했다는 점은 노먼과 의사들도 인정했다. 노먼은 이렇게 말했다.

"웃음은 방탄조끼이다. 해로운 감정이 스며들어 병을 일으키는 것을 막아 주는 방탄조끼."

• **땀 흘리지 않는 조깅**

신나게 웃다 보면 숨이 넘어가고 배가 아프다. 숨이 넘어갈 정도로 실컷 웃으면 보통 호흡보다 깊게 들이마시고 충분히 내뿜는 호흡이 된다. 깊은 호흡을 하면 움직이지 않고 폐에 남아 있는 공기가 없어지고 충분한 공기 교환이 이루어진다.

실컷 웃을 때는 운동할 때처럼 심장도 빨리 뛴다. 웃고 나면 호흡과 심장의 박동이 곧 편한 상태로 돌아오고, 이런 편한 상태는 45분 정도 지속된다. 또 실컷 웃으면 얼굴과 목둘레의 근육도 운동이 되고 횡경막과 복부의 근육도 자극을 받게 된다. 조용히 있는 횡경막과 배의 근육을 건드려 놓으니 배가 아프게 된다.

배꼽 잡고 웃고 나면 몸과 마음이 편해진다. 이때의 기분은 달리기를 끝낸 다음 느끼는 쾌감과 비슷하다. 쾌감을 주는 호르몬이 운동했을 때와 마찬가지로 몸에서 분비되기 때문이다.

스탠퍼드대학의 윌리엄 프라이 박사에 의하면, 웃음과 에어로빅은 비슷한 점이 많다고 한다. 배꼽 잡고 한 번 웃으면 2~3분간 노 젓기 운동이나 자전거 페달을 밟았을 때 생기는 운동 효과와 같은 효과를 볼 수 있다고 한다. 웃음은 땀 흘리지 않고 즐기는 훌륭한 에어로빅 운동인 셈이다.

• **웃음은 오케스트라의 지휘자**

현대인들은 늘 스트레스에 노출되어 있다. 스트레스가 쌓이면 병이 되고 웃으면 병이 달아난다. 스트레스가 병을 일으킨다는 사실은 이미 여러 실험을 통해 입증된 바 있다. 어떤 집단에 설문지를 나눠 주고 답을 받아 스트레스의 정도에 따라 네 그룹으로 나눴다. 그리고 이 사람들의 코에 감기 바이러스가 들어 있는 액체를 넣었는데, 실험 결과 스트레스가 심한 사람들은 감기도 심하게 앓는 것으로 나타났다.

이 연구진들은 웃음의 효과를 알아보기 위해 또 다른 실험을 했다. 사람들을 두 그룹으로 나누어 한 그룹은 재미있는 비디오를 보게 하고 나머지 한 그룹은 방 안에 가만히 앉아 있게 했다. 영화가 끝나고 두 그룹의 침에서 IgA의 농도를 재어 보니 비디오를 보며 줄곧 웃는 사람들은 IgA의 농도가 증가했지만, 반대 그룹에서는 변화가 없었다.

IgA는 면역 글로불린의 하나로 감기와 같은 질병의 감염을 막아 주는 세포이다. 늘 웃는 사람이 감기에도 잘 걸리지 않는 것이다.


• **웃음은 신의 선물**

사람들은 왜 꽃을 보면 아름답다고 느낄까? 꽃은 열매를 맺고 열매는 사람에게 풍성함을 안겨 준다. 이러한 꽃의 이로움 때문에 사람들은 꽃을 아름답게 느낀다. 반대로 사람들은 썩는 냄새를 본능적으로 싫어한다. 썩는 냄새는 해로운 세균이 가까이 있다는 신호라는 사실을 이미 경험으로 알고 있기 때문이다. 오랜 진화 과정을 거쳐 사람들은 이런 신호를 체득했다. 그들이 웃는 얼굴을 좋아하고 아름답게 느끼는 이유 역시 마찬가지이다. 오랜 세월 동안 사람들은 웃음이 주는 따뜻함, 이로움을 알고 웃음을 좋은 의미로 받아들였다. 웃음은 수많은 사람들이 경험을 통해 체득한 깨달음이며 신이 부여한 특별한 선물이다.


## 12) 웃음이 주는 가치는 무궁무진하다


• **뇌파에도 영향을 미친다**

뇌파는 1초에 8회에서 13회 진동하는 알파파와 그 이상인 베타파로 되어 있다. 사람은 알파파 상태에서 편안함을 느끼고 집중력이나 기억력이 좋아진다. 실제로 좌선 중인 고승의 뇌는 알파파를 많이 배출한다고 한다.

일반 성인을 대상으로 실험을 한 결과, 약 2분간 지속적으로 웃고 있으면 우뇌에서는 알파파가 나오지만 좌뇌에서도 알파파가 많이 배출되었다. 흥미를 느낀 연구진들은 또 다른 실험을 통해 새로운 사실을 알아냈다. 가족이나 친구들의 웃는 얼굴을 상상하며 거울을 보고 마주 웃었을 때 좌뇌에서도 알파파가 나왔던 것이다. 이 실험을 통해 알 수 있는 것은 심리적으로 평안하고 즐거울 때 알파파가 많이 배출된다는 사실이다.

물론 알파파를 극대화시키기 위해서는 좌선이나 자율 훈련을 하는 것이 효과적이다. 하지만 일상에 쫓기는 현대인들이 스님과 같은 수행을 하기란 쉽지 않다. 현대인들에게 가장 효과적인 방법은 웃는 것이다. 웃는 시간이 길어질수록 알파파 역시 꾸준히 증가한다.

## • 임파구를 증가시킨다

평소보다 크게 소리를 내어 웃을 때 백혈구가 순간적으로 3할이나 증가한다는 보고서가 있다. 백혈구는 암세포의 증식을 막고 면역력을 증가시킨다. 또 백혈구 속의 임파구 수가 증가해 면역력을 증강시키는 인터페론의 생산 능력을 높인다. 이러한 현상을 활용해서 암뿐만 아니라 다른 각종 질병을 치료하는 데 효과를 보는 경우도 많다.

미국의 한 면역학자는 웃음의 이미지 훈련을 통해 암을 이겨 낸 환자의 연구 보고서를 발표한 바 있다. 웃음에 대한 이미지 훈련은 환자 스스로 상처 자국에 마음을 집중하여 병을 상상하는 것에서부터 시작한다. 병의 이미지는 갈색이거나 회색이며 거의 움직이지 않는 아주 약한 이미지로 나타난다.

그다음 6천만 개에 이르는 임파구(=림프구 lymph림: 백혈구의 하나. T림프구와 B림프구에 나뉘며, 둘이 협동하여 면역 반응에 직접적으로 작용함)에 마음을 집중한다. 이때 임파구는 밝은색이며 활력이 넘치는 강력한 존재이다. 이 임파구 하나하나를 명확하게 떠올린 다음, 6천만 개에 이르는 임파구를 한꺼번에 떠올린다.

이렇게 하면 막대한 수의 임파구가 체내에 충만함을 느끼게 된다. 이 중 수천수만 개의 임파구가 상처 주위에 모여들어 암 세포를 먹어 치운다. 임파구가 병을 먹어 치우는 소리가 아삭아삭 확실하게 들리는 것이다. 이것이 이미지 훈련의 요령이다.


## 가장 유쾌한 운동은 웃음이다

사람마다 약간씩의 차이는 있지만 대개의 사람들은 웃을 때 입과 콧구멍이 벌어지며 짧고 빠른 호흡이 된다. 그러한 때에는 횡경막이 이완하지 않고 오히려 경련과 수축을 반복하여 복근과 함께 복강 내압을 높이는 작용을 한다. 이런 현상이 성문(숨이 통하는 구멍)의 해방과 곁들여져 밝은 목소리가 된다.

웃음은 내장을 활성화시킨다. 그리고 또 배 속으로부터 뻗쳐 오르는 웃음을 터뜨리게 되며 복식호흡이 되어 횡경막의 상하운동이 늘어나 폐의 구석구석에까지 산소와 혈액이 공급된다. 폐를 크게 부풀리면 기도(氣道) 말단의 폐포벽(肺胞壁)에서 프로스타글란딘이라는 강력한 혈관 팽창물질이 분비되어 혈압이 떨어지고 노르아드레날린의 분비가 억제돼 화가 가라앉는다.

또 유쾌하게 웃으면 자신도 모르는 사이 복식호흡이 되고 내장의 마사지 효과가 나타난다. 큰 웃음은 복뇌(服腦)라는 태양신경층으로 알려져 있는 자율신경 집합처를 자극함으로써 뇌의 건강에도 도움을 준다. 호탕한 웃음이 몸에 좋다고 알려져 있지만 집 안이나 직장에서 그런 웃음소리를 듣기는 쉽지 않다. 평소에 운동을 하기 어려운 사람이라면 더더군다나 기회가 왔을 때 속 시원하게 웃을 수 있어야 한다.


## 뇌를 발달시키는 방법

대뇌는 크게 뇌간, 구피질, 신피질로 이루어져 있다. 뇌간은 생명의 중추이고 내장뇌와 호르몬 중추와도 관련이 있다. 뇌간 위주로 사는 동물은 카멜레온, 뱀 등의 파충류이다. 구피질은 정동(情動)이나 본능을 담당하는 곳으로 유쾌, 불쾌, 분노, 두려움이라는 네 가지의 감정을 지배한다. 구피질까지 발달한 동물에는 개 등의 영장류가 있다.

신피질은 인간에게서만 발달한 것으로, 지성이나 이성을 담당하는 기능을 한다. 신피질의 발달은 생후의 환경에 따라 촉진된다. 그런데 삶의 의욕과 정서적인 기능을 하는 뇌간과 구피질이 단련되기 전에 신피질에만 지식이 담기면 시련을 만날 때 대응하지 못할 위험이 있다고 알려져 있다. 그렇기 때문에 뇌간과 구피질의 동물뇌를 단련할 필요가 있다.

부모의 사랑 속에 10살 정도까지 자라나야 동물뇌가 발달하게 되고, 스트레스가 쌓이더라도 극복할 수 있는 사람이 된다. 어렸을 때 부모에게서 받은 사랑이 아이의 장래를 보장한다고 말할 수도 있을 것이다. 대뇌 단련법을 소개하면 다음과 같다.


- 혀를 밖으로 내밀기: 혀끝을 잡아 늘이는 감각이 있을 때까지 혀끝을 최대한 밖으로 내밀었다가 다시 입안으로 당겨 말아 준다(10번 반복).
- 혀 돌리기: 혀를 입안에서 천천히 최대한 크게, 시계 방향으로 10번 돌렸다가 다시 반대 방향으로 10번 돌린다.
- 혀끝으로 이를 눌러 준다.

## 상사와 부하 직원의 갈등 해소법

상사와 부하 직원은 어떤 점에선 애증 관계이다. 때론 머리를 맞대고 일을 도모한다는 점에선 누구보다 가깝지만, 때론 상하 관계가 주는 불편한 거리감 때문에 보이지 않는 경계심을 갖게 된다. 그럼에도 불구하고 상사와 부하 직원은 자신들의 가족보다도 실제론 가장 많은 시간을 함께 보내는 또 다른 가족이다. 철저히 비즈니스로 맺어진 인연이면서 일상의 대부분을 서로의 지척에서 마주 보고 지내야 한다. 그러니 회사에서 이 관계가 우호적이지 못하다면 생활 자체가 평화로울 수 없는 것이다.

그러나 사람들은 대부분 자기 입장에서 상대를 바라보고 판단하기 마련이다. 그래서 대부분의 부하 직원은 상사가 마음에 들지 않고, 상사 또한 부하 직원이 마음에 들 리 없다. 한 조직 안에서 이런 불협화음이 커지면 커질수록 그 여파는 상사와 부하 직원 양쪽 모두에게 미친다. 조직의 성공이 곧 조직원들의 성공이기 때문이다.

그래서 많은 사람들은 성공하는 리더의 덕목에 대해 많은 의견들을 내놓고 있다. 리더가 조직을 잘 이끌면 조직원들의 결속감이 커져서 회사의 업무에 긍정적인 결과를 가져오기 때문이다. 하지만 직원들로부터 신뢰와 호감을 얻지 못하는 리더는 결정적인 순간에 버림받게 된다.

요즘 경제가 어렵다 보니 말단 직원들은 다른 회사에서 월급을 5만 원만 올려 준다고 해도 다니던 회사에 사표를 쓴다는 말이 있다. 그만큼 말단 직원들의 경제 여건이 어렵다는 얘기도 되지만, 회사에 대한 소속감과 애사감이 없다는 의미이기도 하다.

그러나 회사 경영진에 신뢰감이 형성되면 회사에 위기가 닥쳤을 때 몇 달씩 월급을 받지 않으면서 전 직원이 단합해서 극복하는 사례도 있다. 직원들에게 일방적으로 희생과 양보를 요구하기 이전에 그만큼의 신뢰를 쌓는 일은 경영진의 몫이라는 것이다. 훌륭한 직원은 훌륭한 리더에게서 나오기 때문이다.

### ③ 상사와 부하가 다른 점?

- 부하의 업무 처리가 늦으면 무능해서이고, 상사가 시간을 끌면 철두철미해서이다.
- 부하의 실수는 멍청해서이고, 상사의 실수는 인간이기에 어쩔 수 없이 일어난 일이다.
- 부하가 시키지도 않은 일을 하는 것은 오지랖이 넓어서이고, 상사가 그러는 것은 추진력과 일에 대한 열정 때문이다.
- 부하가 타협하지 않는 건 고집불통이기 때문이고, 상사가 그러는 건 신념이 확고해서이다.
- 부하가 윗사람에게 잘하는 건 비굴하게 아부하는 것이고, 상사가 그러는 건 유대감과 대인관계가 좋아서이다.

- 부하가 사무실 밖에 나와 있는 건 업무 중 딴짓하는 것이
  고, 상사가 그러는 건 모두 업무상 필요해서이다.
- 부하가 아파서 결근하면 꾀병 때문이고, 상사의 결근은
  과로 때문이다.
- 부하가 회사에 대한 불만을 얘기하는 건 뒷담화이고, 상
  사가 그러는 건 회사의 발전을 위한 문제점 지적이다.

### ⊙ 끝까지 책임지는 부하 직원

부하 직원들과 회식을 하면서 3차까지 가게 된 상사가 취해
서 비틀거리면서 말했다.

"너희들, 나 책임질 수 있어?"

"그럼요, 걱정 꽉 붙들어 매십시오."

상사는 다음 날 아침 서늘한 한기를 느끼고 잠에서 깼다. 그
는 자신이 도로 위에 누워 있다는 걸 알았다. 그리고 배 위
에는 이런 메모지가 올려져 있었다.

"밟지 마시오!"

### ⊙ 실적 저하는 누구 탓?

판매 실적이 저조해서 위로부터 문책을 받은 상사는 판매
직원들을 모아 놓고 화를 냈다.

"여러분이 계속 이런 식으로 나온다면 판매 직원들을 교체

웃는 사람이 성공한다

할 수밖에 없습니다."

그러면서 전직 축구선수 출신이었던 한 판매 직원에게 물었다.

"축구팀이 지기만 하면 코치가 선수들을 바꾸던데, 이쯤 되면 직원 교체가 맞지 않나?"

그 말에 축구선수 출신 직원이 이렇게 대답했다.

"이렇게 팀 전체에 문제가 있는 경우라면 보통 코치를 바꿉니다."

### ⦿ 최고의 거짓말

한 회사의 사장이 직원들을 대상으로 '유머가 있는 최고의 거짓말은?'이라는 타이틀로 상금을 걸었다. 1등으로 당선된 거짓말은 이것이었다.

"이 회사는 우리 모두의 것입니다."

권위적인 상사들은 자신이 권위 있는 행동을 할 생각은 하지 않고 부하 직원들이 자신에게 무조건 복종해 주기만을 바란다. 심지어 부하 직원을 동료가 아닌 자신이 명령을 내리면 처리하는 사람으로 취급하기도 한다. 자신과 부하 직원의 관계를 주종 관계로만 해석할 때, 그 조직의 유대감은 유지될 수 없다.

자신들이 존중받지 못한다고 생각하기 때문에 부하 직원들은 조직에 최선하지 않는다. 인간적인 교감 없이 이루어진 상하 관계는 철저하게 '계약'의 조건으로만 유지된다. 따라서 그 회사에 위기가 오면 부하 직원들은 회사를 살리겠다는 생각을 하지 않고 옮길 생각부터 하게 된다. 대접받은 만큼 행동하는 것이다. 부하 직원을 어떻게 다루느냐가 곧 그 사람의 경영 마인드이고 리더십이다.

### ㋛ 사장의 연설문

한 대기업 사장이 중요한 CEO 모임에서 연설을 하게 되어 비서에게 20분짜리 연설문을 쓰게 했다. 그런데 모임에 갔다 온 사장이 들어서자마자 비서에게 화를 내기 시작했다.

"인마! 20분이라고 했는데 어쩌자고 40분짜리 연설문을 써 주어서 이 망신을 당하게 해? 연설이 끝나기도 전에 사람들이 다 나가 버렸잖아!"

그러자 비서가 말했다.

"사장님, 저는 20분짜리를 써 드렸는데요. 그리고 사장님께서 분부한 대로 2부를 복사해 드렸고요."

### ㋛ 거짓말쟁이 직원

새로 입사한 직원이 거짓말을 자주 하는 걸 보다 못한 상사가 조용히 신입 직원을 불러서 말했다.

"나쁜 버릇은 얼른 고치게. 이 회사에서 거짓말쟁이는 어떻게 되는지 아는가?"

그러자 신입 직원은 태연하게 이렇게 말했다.

"그럼요. 판매부로 넘겨져 세일즈맨이 된다는 것쯤은 알고 있죠."

회사 경영진과 직원, 즉 노사 간에 협조가 잘 이루어지면 생산성이 올라가는 등 노사 양측에 모두 이득이다. 경영진에서 직원을 배려하고 예우를 갖추어 줌으로써 직원들 또한 회사에 양보하고 화합할 수 있기 때문이다.

단 두 명이 호떡 장사를 해도 마음이 맞지 않으면 집어치워야 한다. 하물며 회사의 경우 상사와 부하 직원의 신뢰와 유대감은 회사의 승패를 좌우할 만큼 중요한 요소이다. 서로 상대방의 좋은 역할만 강조하며 책임을 회피한다면 이 관계는 결코 융화될 수 없다. 상사는 부하 직원에게 일방적인 충성심을 바라고, 부하 직원은 상사에게 한없는 포용력만 요구할 때 그 회사는 발전할 수 없다.

서로를 이해하고 상대방의 입장에서 나 자신을 점검해 볼 필요가 있다. 상사에 대한 불만을 갖기 이전에 나는 상사에게 좋은 부하직원인지, 나는 충분히 상사에게 신뢰를 주고 인정받을 만큼 업무능력을 보여 주었는지 생각해 보자. 그리고 상사라면 부하 직원의 실력 없음을 비난하기 이전에 나는 부하 직원을 지혜롭게 잘 통솔하였는지, 진심을 가지고 부하 직원의 실력을 향상시켜 주기 위해 노력을 기울였는지 생각해 보자.

회사는 단지 월급 때문에 다니는 곳만은 아니다. 잠자는 시간을 제외하곤 하루 중에서 당신이 가장 많은 시간을 보내는 곳이며, 회사는 당신의 비전을 키워 주는 곳이기도 하다. 불평불만을 하면서 회사를 다닐 것인가, 즐겁게 웃으면서 회사를 다닐 것인가는 당신 자신의 마음에 달려 있다.

### ⊙ 상사가 싫어하는 부하 직원 유형

- 업무는 못하면서 말만 번지르르한 사람
- 자기 능력은 미치지 못하면서 연봉에만 관심 있는 사람
- 퇴근 시간이 되기 무섭게 회사를 떠나는 사람
- 매일 습관적으로 조금씩 지각하는 사람
- 사무실에서 사적인 용무를 많이 보는 사람
- 시키는 일만 하는 수동적인 사람
- 상사 앞에서는 비굴하고 동료와는 화합하지 못하는 사람
- 항상 업무가 많다고 투덜대는 사람
- 단체 행동에 늘 핑계를 대고 빠지는 사람
- 밖에서 상사를 흉보는 사람
- 지나친 충성심을 보이는 사람

## ☺ 상사가 좋아하는 부하 직원 유형

- 책임감이 강한 사람
- 창의성이 뛰어난 사람
- 동료와 원만한 관계를 유지하는 사람
- 컴퓨터 지식이나 어학 등 재능이 뛰어난 사람
- 말보다 행동으로 솔선수범하는 사람
- 자기 계발에 노력하는 사람
- 지시 내용을 금방 알아서 처리하는 사람
- 공과 사를 구별할 줄 아는 사람
- 입이 무거운 사람
- 예의가 바르고 매너가 좋은 사람
- 신뢰할 수 있는 사람


## ☺ 부하 직원들이 싫어하는 상사의 유형

- 지나치게 일찍 출근해서 일일이 부하 직원 출근 시간 체
  크하는 사람
- 상사 앞에서는 비굴할 정도로 아부하고, 부하 직원도 자
  신에게 그래 주기를 바라는 사람
- 상사에게 꾸중을 듣고 나면 그 스트레스를 부하 직원들에
  게 푸는 사람
- 칭찬받기 좋은 안건은 자기가 결재받으러 가고 잔소리 들

을 안건은 부하 직원 시키는 사람

- 한창 바쁜데 사소한 심부름을 시키는 사람
- 점심시간 30분 전에 사라져서 점심시간 끝나고 30분 후에 나타나는 사람
- 당일에 회식 발표하면서 한 사람도 빠지지 말라고 엄포 놓는 사람
- 밖에 나가서 부하 직원 흉보는 사람
- 윗사람에게 잘 보이려고 부하 직원 혹사시키는 사람
- 부하 직원 차별하는 사람
- 시시콜콜한 것까지 보고받기 좋아하는 사람


## 살 이유를 찾아라

### ☺ 춤을 추는 이유

불의의 사고로 한 팔을 잃은 남자가 있었다. 그는 팔이 사라진 자기 몸을 보면서 비탄에 빠져 매일 술을 마시고 살았다. 그러다가 자살을 결심하고 한강으로 향했다.

물에 뛰어들기 전, 그는 마지막으로 주위를 둘러보았다. 그런데 저쪽에서 두 팔이 없는 남자가 덩실덩실 춤을 추고 있는 게 아닌가? 그는 남자에게 달려갔다.

"선생님, 존경스럽습니다. 저는 한 팔이 없는데도 죽으려고 하는데 선생님께서는 두 팔이 없으면서 어떻게 춤을 추십니까?"
그러자 남자가 그를 노려보면서 쏘아붙였다.
"짜샤, 너도 똥꼬가 간지러워 봐!"

살기 힘든 게 어디 팔이 있고 없고의 문제이기만 하겠는가. 요즘은 사실 뉴스 보기도 겁이 날 정도로 코로나로19로 확진자가 늘어나고 폐업하는 가게도 늘어나고 있으며, 안 좋은 사건도 많고 자살 소식도 빈번하다. 얼마나 사는 게 힘들었으면 자살까지 할까 이해가 되면서도 또 한편으론 고통을 극복하고 이겨 내려는 마음이 있었더라면 얼마나 좋을까 하는 안타까움도 든다.
　사람은 살아가면서 어떤 식으로든 죽을 만큼의 시련을 만나게 된다. 사람이 하루에 한 번 크게 웃을 일만 있어도 우울증에 걸리거나 자살할 마음은 먹지 않을 거라고 생각한다. 그런데 웃을 일도 없고 즐거운 일도 없으니 희망도 없는 거고 하루하루 살아가는 게 고통스러운 거다. 그렇다고 삶을 놓아 버리는 극단적인 선택은 하지 말자.
　세상에는 죽으려고 하면 죽을 이유가 얼마든지 있고 살려고 하면 그 이유도 얼마든지 있다. 하다못해 남녀가 사랑에 빠지면 "당신 없으면 못 살아."가 되지만 세월이 지나다 보면 "너 때문에 못 살아."가 된다. 죽고 싶은 이유도, 살고 싶은 이유도 다 하나에서 나온다는 것이다.

### ③ 죽을 자유도 없어서

한 여자가 실연을 하고 더 이상 살아갈 자신이 없어서 조용한 시골에 가서 여관에 방을 얻었다. 밤이 깊어지기를 기다려 약을 먹을 작정이었다.

그런데 시골 여관의 늙은 주인 내외는 젊은 아가씨 혼자인 게 마음에 걸려서 밤새 한 시간마다 문을 두들기면서 "아가씨, 자요?", "아가씨, 배 안 고파?", "아가씨, 이불 더 안 필요해?" 하면서 말을 걸었다.

도저히 죽을래야 죽을 수가 없었던 아가씨는 마침내 동이 터오는 걸 보고선 화가 나서 주인 내외에게 이렇게 소리쳤다.

"내 참, 아저씨와 아주머니 때문에 밤새웠잖아요! 아침밥 돼요?"

아가씨는 죽을 타이밍을 잡지 못해서 못 죽은 게 아니라 주인 내외의 관심으로 인해 삶의 의욕을 다시 찾았는지도 모른다. 세상은 여전히 따뜻하다는 걸 안 것만으로도 살아야 할 이유는 충분하다. 누군가 정말 죽고 싶어 한다면 그때야말로 삶에 대한 애착이 강한 순간이기도 하지 않겠는가. 솔직히 죽고 싶어 죽는 사람이 어디 있겠는가.

## ❸ 죽고 싶지 않은 자살

A와 B, 두 아가씨가 한집에 살았다. A가 퇴근하여 현관문을 열고 들어서니 B가 허리에 로프를 감고 있는 것이었다.

A: 허리에 로프는 왜 감고 있는 거야?

B: 너도 알잖아. 나 그놈한테 차인 거. 그래서 자살하려는 거야.

A: 이런 멍청이! 그렇게 해서 죽겠어? 로프를 목에 감아야지.

B: 이런 멍청이! 그럼 숨을 어떻게 쉬냐?

삶의 의욕을 잃게 하는 이유는 많다. 그리고 좌절을 극복하지 못하게 되면 마음의 병이 생기고 자신도 모르는 사이에 죽음에의 유혹을 받는다. 최근에 코로나19로 경제도 어렵고 특히 강의를 하는 사람은 더 어렵다. 우울하기까지 하다는 강사도 있다.

정서적 교감은 외면당한 채 철저하게 디지털화된 사회 구조 속에서 정신없이 돌아가는 가운데 혹시라도 옮을세라 코로나19에 자신의 안위를 걱정해야 하는 시기다. 휴머니즘이 사라지고 있는 사회는 인간의 우울증을 증폭시키고 재생산시키고 있다. 그러기 때문에 더욱더 요즘 사람들에게 웃음이 절대적으로 필요하다. 웃음이야말로 인간을 가장 인간답게 만들어 주기 때문이다.

지치고 병든 서로의 마음을 들여다보고 '빨간약'을 발라 주듯이 관심과 애정을 보내 주는 것. 그것이 곧 웃음치료이다.

## ☺ 불행 중 다행

열차 엔진이 고장 나자, 기관사가 안내 방송을 했다.

"여러분에게 좋은 소식과 나쁜 소식이 있습니다. 먼저 나쁜 소식은 엔진이 고장 나서 열차가 당분간 움직일 수 없다는 겁니다. 좋은 소식은 여러분이 지금 비행기가 아니라 열차를 타고 계시다는 겁니다."

## ☺ 진짜 재산

사업에 실패하여 많은 재산을 잃고 빚까지 끌어안게 된 남자가 죽을 결심을 하고 마지막으로 인생 상담사를 찾아갔다.

"선생님, 제겐 아무것도 남아 있지 않습니다. 이젠 삶을 정리할까 합니다."

"정말 결심을 굳히신 모양이군요. 그렇다면 몇 가지 저의 질문에 대답을 해 주시겠습니까?"

"네."

"선생님이 지금까지 살아오면서 선생님을 위해서 눈물을 흘려 주신 분이 계십니까?"

"네, 부모님은 저에게 그런 존재입니다."

"그렇다면 선생님의 죽음을 알고 달려오실 분이 있습니까?"

"아내와 제 두 아이가 당연히 그럴 겁니다."

"선생님께 도움을 주신 분들이 있습니까?"

"주변의 지인과 친구들이 그랬습니다."

그러자 상담사가 빙그레 미소를 지으면서 말했다.

"선생님, 이젠 아무것도 남아 있지 않다고 하시더니 이렇게 많은 분들이 아직 선생님께 그대로 남아 있지 않습니까? 이래도 당신은 가진 게 없는 사람입니까?"

그 말을 듣고 남자는 자기에게 얼마나 많은 재산이 남아 있는지를 깨달았다.

### ③ 인색한 부자에겐 천국의 문도 좁다

구두쇠 부자가 죽었다. 천국 입구에서 천사가 물었다.

"당신은 큰 부자로 살았는데 선한 일을 한 적이 있는가?"

"아, 물론이지요. 수십 년 전에 한 거지에게 100원을 준 일이 있어요."

"그게 전부인가?"

"아닙니다. 2~3년이 지난 후 한 번 더 거지에게 100원을 준 적이 있습니다."

"그게 마지막인가?"

"죽기 직전에 한 번 더 거지에게 100원을 주었습니다."

그러자 천사가 300원을 부자에게 쥐어 주면서 말했다.

"이거 가지고 지옥으로 가게나."

돈을 많이 벌거나 좋은 직업을 갖거나 권력 있는 자리에 오르는 것만으로는 잘 살았다고 할 수 없다. 욕심만 따르는 삶에는 분명 문제가 따르기 마련이다. 무엇이 될 것인가보다 어떻게 살 것인가를 먼저 생각하라. 아무리 좋은 목표도 그 목표 때문에 삶의 진정한 의미와 행복을 잊고 살아야 한다면, 그건 자기 인생의 노예가 되는 거다.

그리고 살면서 시련과 고통은 누구에게나 있다. 그럴 때 나에게 왜 시련이 왔는가를 곰곰이 따져 보자. 대부분은 자기 안에서 원인과 해답을 찾을 수 있다. 내 안에 욕심이 많으면 더 많은 걸 찾게 되고, 그래서 실망도 좌절도 그만큼 더 커진다. 만약 어느 날 나에게 죽을 만큼의 고통이 찾아와 나를 괴롭힌다면, 스스로에게 이런 물음을 던져 볼 필요가 있다.

"이 시련은 세상이 만든 것인가, 내 욕심이 만든 것인가?"

### ❸ 성형의 말로

한 중년 여인이 심장마비로 수술을 받다가 거의 죽음의 문턱에 이르렀다. 신을 만난 여인은 이제 죽는 거냐고 물었다. 신은 그렇지 않다면서 여인이 앞으로 30~40년간 더 살 거라고 말했다.

여인은 수술이 성공적으로 되자 여생을 위해서 쌍꺼풀 수술, 안면윤곽술, 주름살 제거, 보톡스 주입, 지방 흡입술,

복부지방 제거술 등등을 통해 더 예뻐졌다.

그런데 불행하게도 마지막 성형수술을 받고 병원을 나서다
가 대형 트럭과 부딪쳤다. 그 사고로 그녀는 죽어서 신을 다
시 만났다. 그녀는 신에게 따졌다.

"앞으로 30~40년은 더 산다고 했잖아요!"

그러자 신이 머리를 긁적이면서 대답했다.

"솔직히 넌 줄 몰랐다. 그러게 적당히 뜯어고치지….."

### ③ 천당과 지옥

어떤 사람이 열심히 살다가 죽어서 천당에 가게 되었다. 천
당문 앞에 사람들이 길게 줄을 서서 차례를 기다리는데, 도
무지 줄어들 기미가 보이지 않았다. 도대체 무엇 때문에 이
리도 줄이 줄어들질 않는지 알아보니, 요즘 사람들이 성형
수술을 하도 많이 해서 주민등록증 사진과 일일이 대조하는
데 시간이 걸려서라는 것이다.

자기 순서를 기다리다 지친 그 사람은 차라리 지옥에 가겠
다고 했다. 지옥 역시 줄이 길었는데, 한국 사람들만 모두
대기 중이었다. 이유를 물어보니 한국에는 불가마 같은 곳
이 많아 웬만한 불가마는 한국 사람들에게 그다지 고통스러
워하지 않아서 한국형 불가마를 새로 만드는 중이었기 때문
이다.

이렇게 죽은 뒤에는 천국이든 지옥이든 만만한 곳이 아니다. 그러니 일부러 더 일찍 찾아갈 필요까지 있겠는가. 다들 자기가 처한 현실만 특별히 더 고통스럽게 여기겠지만, 삶은 누구에게나 녹록한 게 아니다. 그러니 기왕에 사는 거 열심히 살고 최선을 다해 시련을 이겨 나가는 것, 그것이야말로 세상에 태어난 모든 이들의 의무이기도 하다.

사람들은 유머강사들이 늘 웃고 다니니까 고민도 없고 늘 행복한 줄로만 안다. 그러나 고민 없는 사람은 지구상에 아무도 없다. 그렇다고 해서 한숨 쉬고 얼굴 찌푸린다고 달라지는 건 아무것도 없다.

"왜 사냐건 그냥 웃지요" 하는 시가 있다. 웃을 이유가 없다고 웃지 않으면 평생 웃을 일이 없게 된다. 그냥 웃자. 웃다 보면 웃을 일이 생기고 즐거운 일이 생기게 마련이다. 인생의 시련과 좌절 앞에서 죽을 이유를 찾지 말고 살 이유를 찾아보자. 한 번뿐인 인생, 이왕이면 실컷 웃다가 가는 거다.


### ③ 살 이유를 만들어 주는 명언들
- 삶이 있는 한 희망은 있다.
- 두려움은 희망 없이 있을 수 없고 희망은 두려움 없이 있을 수 없다.
- 이것 또한 지나가리라.

웃는 사람이 성공한다

- 지금이 제일 비참하다고 할 수 있는 동안은 아직 제일 비참한 게 아니다.
- 희망은 어둠 속에서 시작된다.
- 세상의 중요한 업적들 중 대부분은 희망이 보이지 않는 상황에서도 끊임없이 도전한 사람들이 이룬 것이다.
- 겨울이 오면 봄이 멀지 않으리.
- 지금 자면 꿈을 꾸지만 지금 잠을 자지 않으면 꿈을 이룬다.
- 희망은 그것을 추구하는 사람을 결코 내버려 두지는 않는다.
- 새벽이 찾아오지 않는 밤은 없다. 인내와 희망을 가져라

### ③ 대단한 회춘

노인 요양원 벤치에 두 명의 할아버지가 앉아 있었다. 그중 한 할아버지가 옆에 있는 할아버지에게 말했다.
"존, 내 나이가 벌써 83세에 온몸 곳곳이 다 쑤신다네. 자네는 좀 어떤가?"
그 말에 존이 대답했다.
"나야 갓 태어난 아기 같다고나 할까? 머리카락 없지, 이빨도 없지, 게다가 난 바지에 실례까지 하거든."

### ㉓ 나이 들어도 인기가 있으려면

- 편안하다.
- 귀엽다.
- 솔직하다.
- 몸을 사리지 않는다.
- 다른 사람을 잘 받아 준다.
- 나이를 잊는다.
- 잘 웃어 준다.
- 시키면 시키는 대로 다 한다.
- 내숭이 없다.
- 억지로 웃기려고 하지 않는다.

미국 뉴욕 주립대 의대 학장 마이클 로이진 교수의 '젊게 사는 비법 78가지' 중에서 일부 발췌해 보면, 다음과 같다.

- 35세 이상 남자와 40세 이상 여자는 하루 한 알 아스피린을 복용하라. 아스피린은 피를 묽게 해서 심장병, 뇌졸중 등을 예방하는 효과가 있다(90일 이내에 0.9년 젊어지고, 3년 이내에 2.2년 젊어짐).
- 매일 비타민 D 400IU(국제단위)를 복용하라. 60세 이상은 600IU를 복용하라(1.1년 젊어짐).

웃는 사람이 성공한다

- 치실과 이 닦기를 매일 하라(최고 6.4년 젊어짐).
- 독감, 파상풍, 홍역, 풍진 등 필요한 예방주사를 제때에 맞
  아라(0.3년 젊어짐).
- 커피가 몸에 맞으면 즐겨라. 그러나 탈지 우유나 설탕은 넣
  지 말라(0.3년 젊어짐).
- 생체 나이 줄이기 계획을 세우고 실천하라(최고 29년 젊어짐).
- 충분한 햇빛을 받되, 지나치지 않게 하라(1.7년 젊어짐).
- 매일 아침 식사를 하라(1.1년 젊어짐).
- 많이 웃어라(1.7~8년 젊어짐).
- 열량은 낮고 영양소는 풍부한 균형 잡힌 식사를 하라(4년 젊
  어짐).
- 손과 식품을 자주 깨끗이 씻어라(0.4년 젊어짐).
- 매일 섬유소를 먹어라. 자몽, 포도, 오렌지, 고구마, 완두
  콩, 통밀 빵 등에 많이 들어 있다(0.6년 젊어짐).
- 일정한 시간에 숙면을 취하라. 숙면 시간은 여성은 7시간,
  남성은 8시간이 좋다(3년 젊어짐).
- 평생 무엇인가를 배우는 자세를 유지하라(2.5년 젊어짐).
- 사고력을 요구하는 새로운 게임을 배워라(1.3년 젊어짐).
- 규칙적으로 운동하고, 1주일에 3500kcal 이상의 에너지를 소
  비하라(3.4년 젊어짐).
- 당신의 재정을 관리하고 능력 안에서 생활하라(재정적인 곤란

이 있으면 8년 늙음).

– 스트레스를 줄여라(큰 스트레스를 받았을 때 해소할 방법이 없으면
  30~32년 늙음. 그러나 적절하게 해소하면 2년밖에 늙지 않음).

– 감사하고 긍정적인 태도를 가져라(최소 6년 이상 젊어짐).


## 많이 아는 사람이 더 웃긴다

유머를 사용함으로써 상대를 더 당황하게 할 수 있는 것이 유머의 매력이라고 생각한다. 그런데 상대의 곤란한 물음에도 순발력 있게 대처하기란 말처럼 쉽지 않다. 단순히 유머 감각만 가지고 있다고 해서 되는 게 아니다. 전체적인 상황 판단과 질문자의 의도를 파악하는 두뇌, 거기에 재빠르게 대처하되 너무 가볍지도 너무 진지하지도 않게 '한 방' 먹일 수 있는 재치 어린 애드리브를 생각해 낼 줄 알아야 한다.

'유머란 사람이 사람을 사랑한다는 표현이며 새로운 문화를 창조하려는 노력의 증거'라고 한다. 누군가를 웃기려고 노력한다는 것이야말로 상대방을 사랑하고 존중한다는 태도라는 것이다. 그리고 그런 노력에 반응하고 웃어 주는 것은 그 사람이 전하는 사랑에 화답하는 것이라고 한다. 이런 휴머니즘을 간직한 유머 철학이 있다면 감동적인 애드리브가 탄생될 것이다.

## ③ 눈에는 눈, 이에는 이

하루는 이성계가 무학대사를 만났다.

이성계: 에구, 돼지같이 생겼네.

무학대사: 제 눈엔 부처로 보이십니다.

이성계: 아니, 내가 돼지라 했거늘 자넨 어찌 내게 부처로
보인다 하는가?

무학대사: 돼지 눈에는 돼지만 보이고, 부처 눈에는 부처만
보이는 법입니다.

애드리브와 유머란 이처럼 많이 알면 알수록 다양한 응용이 가능하다. 우리가 인형 뽑기를 할 때, 달랑 두 개만 있는 데서 뽑는 것과 가득 차 있을 때 뽑는 것 중 어느 것이 걸릴 확률이 높겠는가? 당연히 가득 차 있을 때 걸릴 확률이 높다. 이렇듯 적어도 50개 이상의 유머는 외우고 있어야 어떤 자리에서든 활용할 수 있다.

그런데 아무리 재미있는 이야기라도 그걸 전하는 사람에 따라서 더 재미있기도 하고 아예 썰렁해지기도 한다. 유머를 아는 것 못지않게 전달하는 사람의 표현력도 중요하기 때문이다. 그렇다면 어떻게 해야 내 이야기를 더 재미있게 표현할 수 있을까? 다음의 유머 표현 기술을 활용해 보자.

## 유머 표현의 기술

- 내가 먼저 웃지 않는다.
- 유머에도 유통기한이 있다. 오래된 유머는 하지 않는다.
- 어설픈 슬랩스틱을 자제한다.
- 상대를 비하하거나 모욕을 주면서 만드는 유머는 하지 않는다.
- T(시간), P(장소), O(상황)에 맞는 유머를 구사한다.
- 상대의 눈높이에 맞는 유머를 구사한다.
- 사투리, 뉘앙스, 억양 등을 활용한다.
- 서너 개의 유머는 본인이 겪은 일처럼 만들어 사용하면 훨씬 실감난다.
- 누군가가 유머를 할 때 "그거 아는 유머인데….."라고 말하지 않는다.
- 유머를 시작하기 전, "내가 아주 재미있는 유머 들려줄게."라고 말하지 않는다.

영국의 처칠은 재담가로도 유명한데, 그의 유명한 일화 중에 이런 이야기가 있다. 선거 유세 중에 처칠의 상대 후보가 "저기 보이는 후보는 아침에도 늦게 일어나는 게으른 후보입니다. 뽑아 주어서는 절대 안 됩니다!"라고 했다. 그러자 처칠이 "저 후보의 말이 맞습니다. 저는 아침에 일찍 일어나는 것이 너무너무 힘이 듭니다. 만일 저 후보도 나처럼 예쁜 아내를 얻었다면 아침에 일찍 일어나는 것은 힘들었을 것입니다!"라고 했다.

그의 말에 유권자들이 웃으면서 처칠에게 박수를 보냈다. 반면에 치졸한 공격을 한 상대 후보에게는 비난을 했다고 한다. 상대 후보가 이런 공격을 할 거라고 예상 못 했던 상황에서 처칠의 애드리브는 오히려 전화위복이 된 셈이다. 적절한 유머와 애드리브는 이처럼 어떤 웅변보다도 그 사람을 훌륭하게 대변해 준다.

유머와 애드리브야말로 잔고가 많은 적금통장과도 같은 것이다. 그러나 의욕 과잉으로 인한 잘못된 애드리브는 두고두고 본인을 망신스럽게 한다. 그러나 그 실수(실언)가 당사자의 이미지를 우습게 만들다 못해 점차 유머 코드로 기사회생하는 특이한 경우도 있다.


## 그래도 내 짝이 좋다

### ㉛ 남편 같은 남자

결혼한 지 10년 된 여자가 걸어가고 있었다. 지나가던 남자가 다가와서 집적거렸다.

"아줌마, 나랑 데이트할래요?"

남자는 배가 나오고 얼굴엔 능글맞은 미소를 짓고 있는 게,
매력이라곤 조금도 찾아볼 수 없었다. 여자는 대꾸도 않고
앞만 보고 걸었다. 남자가 계속 쫓아오며 말했다.

"아줌마, 차 한 잔 같이하자고요!"

그러자 여자가 남자를 쏘아보며 이렇게 말하곤 계속 가던
길을 갔다.

"너 같은 건 집에도 있다!"


결혼하고 10년쯤 넘어가면 대부분의 부부는 애정보다는 "애들
때문에" 혹은 "헤어지자니 주위 눈 때문에" 산다고들 한다. 그러
면서 서로를 자기 인생에서 '웬수'라고 한다. "당신 없으면 못 살
아요." 하면서 결혼할 땐 언제고, 이제 와서 "당신 때문에 못 살
아!"가 된 것일까? 남편은 아내의 바가지 때문에 돌아 버리겠다
고 하고, 아내는 남편의 무관심과 무책임 때문에 돌아 버리겠다
고 한다. 그래도 아직은 돌지 않고 사는 부부가 대부분이니 다
행이라고 할까?


### ◈ 세상의 모든 아내는 악처?

TV♥의 대학생 퀴즈 프로그램에 나간 광태는 "세계적인 악처
세 명의 이름은?"이라는 문제를 받고 고민에 빠졌다. 소크
라테스 아내와 톨스토이 아내는 알겠는데 나머지 한 사람이

누군지 떠오르질 않았다.

그는 할 수 없이 '지인에게 전화로 물어보기' 찬스를 쓰고 아버지한테 전화를 걸었다.

"아버지, 세계적인 악처 세 명을 맞추는 건데 소크라테스와 톨스토이 아내 말고 한 명이 떠오르질 않아요. 나머지 한 명이 누구죠?"

그러자 아버지는 자신 있는 목소리로 이렇게 말했다.

"넌 네 엄마 이름도 모르냐?"


하루가 멀다 하게 싸우고 툭하면 사네 못 사네 하는 게 부부라지만, 그래도 위급한 상황이 닥치면 가장 먼저 내 편을 들어 주는 것도 배우자이다. 남편들이 아내의 바가지 때문에 눈치 보느라 술 한 번 마음 놓고 마시지 못하니까 주변의 기러기 남편들을 부러워한다.

"내 마누라도 애들하고 먼 나라에 가서 한 몇 년 있다가 오면 좋겠다. 그러면 늦게까지 술 마시고 원 없이 자유롭게 살 텐데 말이야."

그래서 어쩌다가 아내가 친정에 일이 있어서 며칠 집을 비운다고 하면 속으로 만세를 부르는 게 남편이다. 하지만 이틀만 지나 봐라. 집 안은 엉망이고 자기 손으로 저녁 차려 먹는 것도 귀찮고 알 수 없는 허전함이 밀려와서 아내에게 전화를 걸어 언제 오냐고 물어 대기 시작하는 게 남편들이다.

그래서 남편들이 나이 들면 가장 무서운 게 자기 아내가 큰솥에 곰탕 끓이는 거라고 한다. 왜냐고? 그거 끓여 놓고 한 그릇씩 담아서 냉장고에 넣어 놓고는 "이거 데워 먹으면서 혼자 좀 지내요. 난 한 달간 친정에 좀 다녀올 테니까." 할까 봐서이다.

사람이라는 게 살다 보면 곁에 있는 사람의 소중함을 잊게 된다. 내 남편과 내 아내도 한때는 내 눈에 얼마나 매력적인 사람이었는지 잊게 된다. 그러면서 남의 여자, 남의 남자가 공연히 좋아 보인다. 하지만 잊지 말자. 내 아내와 남편도 다른 사람의 눈에는 매력적으로 보일 수 있다는 사실을.

오쇼 라즈니쉬가 인도를 여행 중에 어느 다정한 부부를 보고 옆에 있는 사람에게 "저 사람들은 부부가 아닙니다." 하고 말했다. 그걸 어떻게 아냐고 물으니 "저 남녀의 모습을 보게. 저들의 표정엔 희망과 환희가 묻어 있지 않은가?"라고 대답했다. 오래된 부부에게선 그런 표정이 나오지 않는다는 말이기도 하니 얼마나 씁쓸한 일인가.

그렇다면 보통의 부부라면 어떤 모습이길래?

### ㈜ 남자가 혼자 찜질방에 온 연령별 이유

40대: 술 먹고 밤늦게 들어가 아침에 아내에게 해장국 끓여
　　　달라고 했다가 쫓겨나서.

50대: 계모임 때문에 외출한 아내에게 어디에 있냐고, 언제 들어오느냐고 전화했다고 쫓겨나서.

60대: 외출 준비 중인 아내에게 어디 가느냐고 물었다가 쫓겨나서.

70대: 아침에 일어나서 해장국 끓여 달라고 하지도 않았고, 계모임으로 외출한 아내에게 어디에 있냐고 물어보지도 않았고 언제 들어오느냐고 물어보지도 않았고, 외출 준비 중인 아내에게 어디 가느냐고 묻지도 않았는데 쫓겨났다. 눈앞에서 얼쩡거린다고.

80대: 아침에 일어나 눈떴다고 쫓겨나서.

대한민국의 이혼율은 세계 1, 2위를 다툴 정도로 매우 높다. 아니, 1위 할 게 없어서 이혼율 1위를 하려고 그렇게들 경쟁적으로 이혼을 한단 말인가.

부부들은 살면서 이혼의 위기를 겪게 된다. 그럴 때 어떤 부부는 위기를 잘 극복하고 오히려 더 부부애가 돈독해지지만, 타협점을 찾지 못하는 부부는 결국 남남이 되는 수순을 밟게 된다. 대부분의 부부들은 이혼 직전의 부부 싸움이 발단이 되어 이혼을 결심하게 된다. 부부 싸움의 이유도 가지가지지만 그중에서 돈, 질투, 의심이 부부 싸움의 단골 소재가 아닐까 한다.

## ☺️ 자장면을 좋아하는 아내?

남편이 해외 출장을 갔다 돌아오는 길에 아파트 입구에서 경비원을 만났다. 평소 의처증이 있던 남편은 조심스레 경비원에게 물었다.

"내가 출장 간 사이 누구 찾아온 사람 없었습니까? 특히 남자라든가….."

"전혀 없었습니다. 이틀 전에 자장면 배달 청년만 한 번 왔었어요."

남편은 속으로 안도했다.

'흠, 내가 공연히 아내를 의심할 뻔했군.'

그런데 아파트 건물로 들어가고 있는 그이 등 뒤에서 경비원이 시큰둥한 목소리로 한마디 했다.

"그런데 그 청년이 아직 안 내려왔어요."


## ☺️ 딱 두 번

첫날밤을 치른 신랑이 심각한 표정으로 신부에게 물었다.

"자기, 혹시 나 말고 다른 남자랑 사귀었던 것 아냐?"

신부는 펄쩍 뛰었다. 신랑은 웃으면서 괜찮으니까 다 털어놓으라고 설득했다. 그러자 신부가 털어놓기 시작했다.

"사실, 딱 두 번 있었어요."

"두 번이라…. 뭐 그럴 수도 있지. 어떤 남자였는데?"

"한 번은 축구팀, 또 한 번은 오케스트라."

### ③ 돈 얘기가 가장 좋아

출근하는 남편을 부인이 현관에서 배웅하고 있었다.

"봄이라 그런지 사방에 돈 들어가는 일만 생기네요. 동창
회, 친정엄마 생신, 결혼 축의금, 카드대금 등등 돈 쓸 일이
잔뜩인데 당신 월급으론 어림도 없으니….".

"아니, 당신은 어째 돈타령이 아니면 할 말이 없어? 출근하
는데 한 번만 더 돈타령하면 그땐 이혼이야!"

"그래요? 이혼하면 위자료로 얼마를 줄 건데요?"


사실 부부 싸움의 발단은 사소한 데서 출발한다. 그런데 싸우
는 과정에서 이야기가 점점 엉뚱한 방향으로 커져서 나중에는
뭐 때문에 싸움이 시작되었는지도 잊고 감정이 격해져서 사네
못 사네 하게 된다.

처음에 싸움을 시작할 때 아예 싸움의 크기를 미리 마음속에
정해 놓고 시작하는 것도 싸움을 확대시키지 않는 한 방법일 수
있다. 싸움을 풍선이라 생각하고 내가 그 풍선을 얼마나 불어
댈지를 염두에 두고 싸워야 한다. 그렇지 않으면 자제력을 잃고
계속 힘껏 불어 대다 한순간에 풍선이 터져 버리게 되고, 결혼
생활도 그렇게 끝나 버리게 되기 때문이다.

간혹 남자들은 아내로부터 좀 더 자유롭고 싶어서 부부 싸움을 유발하기도 한다고 한다. 냉전 동안에는 행동이 자유롭기 때문이다. 그러니까 아내들은 남편들의 고도의 전략에 말려들어 싸움이 이상하게 커지는 걸 경계해야 한다. 싸움 키워서 "당분간 각방 쓰자! 서로 간섭하지 말자고!"에 넘어가지 말자.

### ☺ 남편의 평화가 깨질 때

매우 슬퍼 보이는 한 남자가 술집에서 혼자 술을 마시고 있었다. 그는 아무런 말도 없이 술만 마셨다. 궁금한 웨이터가 "손님, 무슨 안 좋은 일이라도?" 하고 물었다.

그러자 남자는 한숨을 내쉬며 힘없이 말했다.

"집사람과 좀 다퉜었습니다. 그래서 한 달 동안 서로 말도 하지 말자고 약속했어요. 그런데 그 한 달이 오늘로 끝나거든요."

"그러면 좋은 거 아닌가요?"

"천만에요, 저에겐 정말 평화로운 시간이었거든요. 또 뭘로 싸워서 그런 시간을 만들어 내나 고민입니다."

왜 이 지경이 되었을까? 한때는 그토록 다정하고 서로를 바라보던 눈빛이 애틋하던 때가 있었는데 말이다. 그런데 살아가면서 '처음'의 그 마음들을 잊고 설렘도 낭만도 추억도 없는 결혼

웃는 사람이 성공한다

생활을 하게 된다. 당신 부부는 다음 중 어떤 결혼 생활을 하고 있는가?

😊 상황별 부부의 연령대별 대처법
- 남편의 생일날 아내는
  20대: 선물과 이벤트를 준비한다.
  30대: 고급 레스토랑에서 외식을 한다.
  40대: 하루 종일 미역국만 먹인다.
  50대: 생일인 줄도 모른다.

- 남편이 뜨거운 눈길로 쳐다볼 때 아내는
  20대: 아잉, 왜 그래~ 또?
  30대: 나도 사랑해.
  40대: 왜! 그새 용돈 다 썼어?
  50대: 나한테 뭐 잘못한 거 있지? 불어!

- 부부 외식
  20대: 외식 후에 영화도 보고 분위기 좋은 술집에서 한잔한다.
  30대: 외식 후에 노래방에 가거나 분위기 좋게 귀가한다.
  40대: 외식하다가 싸우고 각자 들어간다.
  50대: 외식하러 가다가 싸우고 그냥 들어온다.

– 부부 싸움을 하면 아내는

20대: 실망했다고 울고불고 난리를 치면서 친정으로 간다.

30대: 이혼하자고 한다.

40대: 남편을 내쫓는다.

50대: 서로 소 닭 보듯 하기 때문에 웬만하면 안 싸운다.


– 남편이 밤일에 소홀할 때

20대: 아예 그럴 일이 없다.

30대: 보약을 지어 먹인다.

40대: 아침밥을 차려 주지 않는다.

50대: 안 하는 게 더 좋다.


– 40대 주부가 남편에게

짜증 날 때: 남편이 회식한다고 하고선 일찍 들어와서 밥
      달라고 할 때

화날 때: 3박 4일 출장이라고 하고선 2박 3일 만에 돌아
      왔을 때

분노할 때: 3박 4일 출장 간다고 했다가 취소되었을 때


금슬 좋은 부부를 보면 서로 많이 닮아 있다. 서로 닮은 부부
는 잘 산다는 말도 있고, 부부 사이가 좋으면 살아가면서 점점

웃는 사람이 성공한다

닮는다는 말도 있다.

영국 리버풀 대학의 연구진은 부부 160쌍의 사진을 섞어 놓은 뒤 사람들에게 인상이 닮은 남녀를 고르도록 하였다. 그런데 지목된 남녀 중에 실제로 부부인 사람들이 많았다고 한다. 함께 살아가면서 희로애락을 함께 겪게 되고 그에 따라 특정 안면근육을 쓰는 빈도도 비슷해지기 때문이다. 사이가 좋은 부부일수록 서로의 감정 교류가 밀접하고 그만큼 더 많이 닮게 된다는 걸 알 수 있다.

의사이자 부부 문제 전문가인 우르셀 부허는 이 모든 부부의 위기와 갈등에도 불구하고 부부가 함께 살아가야 할 이유가 분명 있으며, 그것이 곧 가정을 지탱해 주는 힘이라고 말한다. 가정과 부부의 존재 이유는 보이는 게 다가 아니라는 것이다.

### ☺ 부부가 함께 사는 12가지 이유
- 위기를 새로운 전환점으로 바꿀 수 있기 때문이다.
- 진짜 사랑은 이제부터 시작되는 것이기 때문이다.
- 나 자신으로부터 도망치지 않기 때문이다.
- 부부 싸움은 당신에 대한 친밀감과 신뢰의 표현이기 때문이다.
- 내 인생의 행복을 당신 손에 맡기지 않기 때문이다.
- 일상의 과제를 함께 공유할 수 있기 때문이다.

– 당신을 있는 모습 그대로 놓아줄 수 있기 때문이다.
– 결혼이 고독의 탈출구가 아님을 알고 있기 때문이다.
– 잠자리의 즐거움을 함께 엮어 갈 수 있기 때문이다.
– 외도가 곧 결혼 생활의 종말은 아니기 때문이다.
– 우리 내면의 보물을 함께 찾아 나설 수 있기 때문이다.
– 최고의 부부 관계는 연인이 아닌 동반자의 관계이기 때문
  이다.

우르셀 부허는 부부가 함께하는 의의에서 위기를 새로운 전환
점으로 바꿀 수 있다는 점을 첫 번째로 꼽는다. 부부가 함께함
으로써 위기를 극복하고 새로운 방향으로 나아갈 수 있다는 것
이다. 위기를 함께 헤쳐 나갈 수 있는 동지이자 동반자가 부부
라는 말이다. 그런데 이런 의미의 부부가 오히려 함께함으로써
새로운 위기를 만들고 있다면 말이 되지 않는다.

사이좋은 부부로 알콩달콩 살 것인가, 부부 싸움을 하면서 인
생을 낭비할 것인가는 그 부부만의 선택이다. 하지만 길지도 않
은 인생을 서로 죽이네 살리네, 사네 못 사네 하다가 가는 건 너
무 아깝지 않은가? 조금씩 양보하고 자존심을 접고 상대를 대한
다면 상대 또한 저절로 그렇게 대해 줄 텐데 말이다. 이런 말을
하면 대개의 부부들은 이렇게 말한다.

"내 말이! 저쪽에서 먼저 고개를 숙이면 왜 싸움이 나냐고요!"

웃는 사람이 성공한다

서로가 "너부터 양보해!" 하기 때문에 부부들은 지금 이 순간도 전쟁을 치른다. 그러나 어떤 부부 싸움도 진심이 담긴 말 한마디 행동 하나면 끝나게 마련이다. 그것은 사랑이다!

### ③ 부부 싸움의 기술

어떤 부부가 부부 싸움을 했다. 몹시 화가 난 아내가 남편에게 집을 나가라고 소리를 질렀다. 그러자 남편이 "나가라면 못 나갈 줄 알아?" 하고선 집을 나가 버렸다.

그런데 잠시 후 남편이 다시 집으로 들어왔다. 화가 풀리지 않은 아내가 왜 다시 들어왔느냐고 소리를 질렀다. 남편이 말했다.

"나한테 가장 소중한 것을 놓고 갔어."

"그게 뭔데?"

"바로 당신!"


## 양보와 이해로 웃으며 산다


고부간의 갈등은 예나 지금이나 여전히 가족의 평화를 위협하는 요소이다. 시어머니들은 시어머니들대로 "요즘 세상에 누가 며느리 시집살이시키느냐? 오히려 시어머니가 며느리 눈치 보고 산다."고 항변하고, 며느리는 며느리들대로 "시집살이 없어졌다는 거 다 거짓말이다."고 억울해한다. 가정의 평화는 비단 부부에게만 달린 게 아니라는 점을 이 땅의 모든 시어머니들과 며느리들이 알아야만 한다.

흔히 고부 갈등이 일어나면 가장 괴로운 건 남편인 동시에 아들이기도 한 남자라고 한다. 어느 쪽 편을 들 수도 없는데, 시어머니와 며느리는 모두 자신 편을 들어야 한다고 강요한다. 남자들을 이러지도 저러지도 못하게 하는 게 고부 갈등이다. 아들을 낳고 키웠으니 여전히 자신의 일부라고 생각하는 시어머니와, 결혼했으니 남편은 마땅히 시어머니와 분리되어야 한다고 믿는 며느리가 우호적인 관계를 유지할 수 없는 건 어쩌면 숙명인지도 모르겠다.

### ㉛ 고부간의 거짓말

– 며느리가 시어머니에게 하는 거짓말

5위: 저도 어머님 같은 시어머니가 되고 싶어요.

(속마음: 어머니 같은 독한 시어머니는 하나로 족해요.)

4위: 여건이 되면 저희가 모실게요.

(속마음: 그런 일이 생길까 봐 평수 넓은 데로 이사도 못 가고 있어요.)

3위: 어머니가 한 음식이 제일 맛있어요.

(속마음: 그 솜씨로 어떻게 살림을 해 온 거예요?)

2위: 용돈 적게 드려 정말 죄송해요.

(속마음: 그것도 큰마음 먹고 드리는 거예요.)

1위: 어머님, 벌써 가시게요? 며칠 더 계시다 가세요.

(속마음: 아싸라비야! 더 계실 줄 알고 조마조마했잖아요.)


- 시어머니가 며느리에게 하는 거짓말

5위: 좀 더 자렴. 아침은 내가 할 테니.

(속마음: 인간아, 넌 친정에서 뭘 배워 온 거냐?)

4위: 애야, 내 주변에서 너만 한 며느리가 없구나.

(속마음: 네가 제일 빠진다는 소리다!)

3위: 내가 얼른 죽어야지.

(속마음: 네 꼴 보기 싫어서 오래 살고 싶질 않다.)

2위: 생일상은 무슨, 그냥 대충 먹자구나.

(속마음: 그런다고 대충 차리면 넌 인간도 아니다.)

1위: 아가야! 난 널 친딸처럼 생각한단다.

(속마음: 날 네 어머니처럼 대해 달라는 말이다.)


## ⏳ 3대 착각녀

- 며느리를 딸이라고 착각하는 여자
- 사위를 아들이라고 착각하는 여자
- 며느리의 남편을 내 아들이라고 착각하는 여자

## ⓧ 약사의 기가 막힌 처방

고부 갈등이 심한 한 며느리가 생각다 못해 약국에 갔다.

"약사님, 혹시 노인이 드시고 빨리 돌아가실 약이 있나요?"

"있지요. 바로 이겁니다."

"이걸 드시면 며칠 후 돌아가십니까?"

"아주머니, 노인이 이걸 드시고 내일 당장 돌아가시면 동네 사람들이 누굴 의심하겠습니까? 당연히 아주머니죠. 그래서 이 약은 일 년 후에 돌아가시도록 만들었습니다. 국이나 음식에 조금씩 넣어서 드리세요."

그 후부터 며느리는 열심히 약을 타서 드렸는데, 약을 탄 음식을 드릴 때마다 양심의 가책이 느껴졌다. 그래서 겉으로는 시어머니에게 더욱 상냥하게 대했다. 그러자 내용을 모르는 시어머니는 상냥한 며느리가 고마워서 옷도 사 주고 용돈도 주었다.

어느덧 일 년이 다 되어 시어머니가 돌아가실 날이 하루 앞으로 다가왔다. 며느리는 그렇게도 자상하고 다정한 시어머니가 돌아가신다는 사실이 견딜 수 없어서 다시 약국을 찾아갔다.

"선생님, 부탁이에요. 해독제를 주세요. 흑흑흑."

"아주머니, 그 약은 해독제가 필요 없어요. 하하하."

"늦었다는 말씀인가요?"

"아뇨, 그건 사실 밀가루였습니다."

시어머니와 며느리와의 갈등은 비단 우리나라만의 문제가 아니다. 최근에 영국에서 임산부들을 위한 한 웹사이트(gurgle.com)가 며느리들을 대상으로 여론 조사를 했더니, 10명에 7명꼴로 시어머니에 대해 좋지 않은 감정을 갖고 있는 것으로 나타났다고 한다. 시어머니에 대한 불만 내용과 통계는 다음과 같았다.

1위: 육아에 대한 잔소리(Criticising mum's approach to child-raising) 39%

2위: 일상생활 간섭(Interfering in day-to-day life) 23%

3위: 남편의 응석 받아 주기(Still 'babies' their son) 20%

4위: 손자·손녀 버릇 나쁘게 만들기(Spoils grandchildren) 11%

5위: 불쑥 집에 찾아오기(Turns up uninvited) 7%

이 다섯 가지 불만 사항은 대한민국 며느리들이 시어머니에게 갖고 있는 불만들과 크게 다르지 않다. 미국에서는 성탄절 연휴 기간에 며느리와 시어머니들 간에 갈등이 많다고 한다. 시어머니들 때문에 연휴 분위기를 망친다고 해서 시어머니라는 단어가 'Mother-in-law'에서 'Monster-in-law'로 불릴 정도라고 하니, 어느 정도의 거부감인지 짐작이 된다.

우리나라도 명절 증후군이라 해서 며느리들이 명절 전후에 심한 스트레스를 받는가 하면, 명절 직후에 이혼율이 급격히 늘어나는 사태까지 벌어진다. 명절 기간에 시집 식구와의 갈등, 특히 시어머니와의 갈등이 심화되면서 며느리들이 남편과 마찰을 빚기 때문이다.

전문가들은 고부간의 갈등을 줄이려면 시어머니와 며느리가 서로를 이해하고 조금씩 양보해야 한다고 말한다. 그런데 부부끼리도 이게 쉽지 않은데, 고부간에는 더 어려운 일이다. 그런만큼 더 노력해야 한다.

시어머니도 한때는 며느리였고, 며느리는 또 시어머니가 될 사람이다. 어찌 보면 서로의 입장을 가장 잘 이해해 줄 수 있는 관계이기도 하다. 더욱이 며느리 쪽에서 보면 자기가 가장 사랑하는 사람의 어머니가 시어머니이고, 시어머니 쪽에서 보면 자기가 가장 사랑하는 사람의 아내가 며느리 아닌가.

서로를 연적으로 생각하고 경쟁 구도로 삼는 한 해결되지 않는다. 그러니 적극적으로 화해와 타협점을 찾고 하나의 가족임을 인식할 필요가 있다. 무엇보다도 자기 어머니와 아내의 갈등을 지켜보면서 괴로워할 한 남자를 생각한다면, 고부 갈등은 애초에 만들지도 말았어야 할 일이다.

그렇다면 고부 갈등을 해결하기 위해 시부모와 며느리, 남편은 어떤 노력을 기울여야 할까?

웃는 사람이 성공한다

- **시부모가 지켜야 할 것**

  - 아들과 며느리를 독립시켜라.

  - 아들의 행복을 먼저 생각하라.

  - 며느리를 딸처럼 생각하라.

  - 며느리를 무시하지 마라.

  - 사생활을 존중하라.

  - 며느리를 가르치려고 하기 전에 나부터 본을 보여라.

  - 며느리의 친정 식구를 욕하지 마라.

  - 다른 며느리들과 비교하지 마라.

  - 며느리를 친정에도 가끔 보내 줘라.

  - 무리한 가사 노동을 시키지 마라.

  - 금전적으로 자꾸 요구하거나 기대지 마라.

  - 육아와 자식 교육에 간섭하지 마라.

  - 아들에게 며느리 험담하지 마라.

  - 며느리 칭찬을 자주 하라.

  - 아들이 부부 싸움을 하면 일단 며느리 편을 들어라.

- **며느리가 지켜야 할 것**

  - 시부모에게서 독립하라.

  - 시부모를 친정 부모처럼 다정하게 대하라.

  - 경제적으로 의지하거나 기대지 마라.

- 어떤 경우에도 시댁 흉은 보지 마라.

- 시부모에게 남편 흉을 보지 마라.

- 부부 싸움은 보이지 않는 곳에서 하라.

- 시부모의 의식주에 소홀하지 마라.

- 집안의 큰일은 시부모와 의논하라.

- 시부모와 갈등이 생기면 일단 먼저 양보하라.

- 남편한테 시부모 험담을 하지 않는다.


• **남편이 지켜야 할 것**

- 부모에게서 독립하라.

- 부모에게 하듯 장인장모를 대하라.

- 아내를 자주 칭찬해 줘라.

- 부모 앞에서 아내를 비판하지 마라.

- 고부갈등이 생기면 일단 아내 편을 들어라.

- 고부갈등이 커지기 전에 해결책을 찾아라.

- 쓸데없이 양쪽의 말을 옮기지 않는다.

- 시집 식구들로부터 아내가 존중받을 수 있도록 한다.

- 아내의 불만에 귀를 기울여 준다.

- 평소에 아내와 자주 대화를 나눈다.

# 시작이 반이다, 지금부터 웃어라

## 1) 행복의 조건

웃음을 연구하는 학자들에 의하면, 세계 어느 곳에서나 웃음을 주는 사람들이 환영받는다고 한다. 상대방을 즐겁게 해 주는 유머는 처음 만나는 사람들 사이를 가로막는 경계심을 쉽게 허물기 때문이다.

이처럼 웃음은 분위기를 부드럽게 해 주고 활기 찬 대화를 유도한다. 한번 경계심이 사라진 사람들은 자신의 마음을 드러내고 격의 없는 대화를 나눈다. 이런 관계가 지속될수록 서로에 대한 신뢰는 점점 쌓여 가고 웃음소리는 끊이지 않는다.

하지만 현대인들의 모습에서, 지하철 안이나 광장에서 환한 웃음을 발견하는 일은 쉽지 않다. 사람들은 피로한 얼굴로 각자의 생각에 잠겨 있을 뿐이다. 서로에 대한 경계심을 늦추지 않고 탐색하는 듯한 눈길을 보낸다.

많은 사람들은 대부분의 삶을 혼자서 살아간다. 가족과 친지들하고도 좀처럼 교감을 나누지 못한다. 한평생을 살아가면서 믿을 수 있는 친구, 함께 있으면 즐거운 사람을 한 명도 가질 수 없다면 얼마나 쓸쓸한 일일까.

그들에게 가장 필요한 건 먼저 다가갈 수 있는 용기와 환한 미소이지만, 지금까지의 생활 방식을 한순간에 바꾸는 것 역시 쉬운 일은 아니다. 남몰래 거울 앞에서 서서 웃어 보지만 어딘가 모르게 어색하다. 옛 성인들은 시작이 반이라고 했다. 지금도 늦지 않았다.

### 2) 당신도 멋진 웃음을 지을 수 있다

자연스러운 웃음의 효과를 느끼기 위해서는 밝고 건강하게 웃는 법을 체득해야 한다. 팔자대로 사는 게 속 편하다고 생각하는 사람들에게는 다소 엉뚱하게 들릴지도 모르겠다. 하지만 자연스럽고 유쾌한 웃음을 상대방에게 선사하기 위해서는 연습이 필요하다. 웃음의 연습 방법을 세 가지로 나누어 설명하면 다음과 같다.

첫째는 스마일 트레이닝이다. 웃는 얼굴 훈련법이라고 할 수 있다. 멋진 웃음이 되도록 하는 데 초점을 맞춘 훈련법이다.

둘째는 래프 트레이닝이다. 입을 크게 벌리고 소리 내어 웃기 위한 훈련법이다. 구체적인 방법을 소개하면 '손 박자법', '일일일소법', '폭소 트레이닝법', '눈 싸움법' 등이 있다.

셋째는 마인드 트레이닝이다. 이것은 진실한 마음으로 웃는 반응을 기르는 트레이닝법이다. 자연스럽게 웃음을 짓도록 하기 위한 트레이닝인 셈이다. 웃음은 결코 기술 문제가 아니고 삶과 밀접하게 관련되어 있다.

그렇다면 지금부터 이 세 가지 트레이닝(스마일 트레이닝, 래프 트레이닝, 마인드 트레이닝)에 대해서 알아보기로 하자.


## 자연스런 미소를 연출하라

자연스러운 미소를 연출하기 위한 스마일 트레이닝은 자기 훈련법으로 실시된다. 자기 훈련법이란 거울을 통해 자기 얼굴을 비춰 보면서 연습하는 훈련 방법을 말한다.

웃음이란 본래 즐거움의 표현 방식이고 자신의 감정 상태를 전달하는 수단이기도 하지만, 때로는 엉뚱한 오해를 불러일으키기도 한다. 텅 빈 사무실에 혼자 남아 거울을 보며 웃는 사람을 본다면 어떤 생각이 들까?

무슨 좋은 일이라도 생긴 거냐고 묻는 사람도 있겠지만, 대부분의 경우는 혹시 실성한 것이 아닐까 하고 의구심을 품을 것이다. 더구나 상대방이 안 좋은 일이 있는 경우라면 자신을 놀리지 말라며 화를 낼지도 모른다.

아무리 좋은 명약도 잘못 쓰면 독이 되는 법이다. 따라서 웃음 훈련법을 소개하기에 앞서 몇 가지 주의가 필요하다.

 - 조용히 혼자 할 수 있는 장소의 선택
 - 웃음 훈련법을 꾸준히 할 것

– 상대방의 심리 상태를 먼저 파악할 것

### 1) 아침 인사

아침에 일어나 세면장으로 가면 거울을 보면서 자기 스스로에게 "○○○(본인 이름)씨, 안녕히 주무셨습니까?"라고 힘차게 인사한다. 처음에는 아무래도 쑥스러울 테지만 세면이 끝난 후에도 "세계에서 제일 멋진 ○○○씨 편히 주무셨습니까?" 하고 다시 한 번 인사한다.

매일 화장하는 여자들과는 달리 남자는 자기 얼굴을 들여다보고 가꿀 기회가 상대적으로 적다. 그러므로 기회가 있을 때마다 최선을 다한다.

거울 속 자신에게 하는 반복적인 인사는 자신을 사랑하고 소중하게 여기게 해 준다. 스스로도 깨닫지 못하는 사이, 내재된 모습을 들여다보고 스스로에 대한 자신감을 갖게 하는 것이다. 남들 앞에 나서기에 앞서 자기 자신을 사랑하지 않고는 결코 아름다운 미소를 지을 수 없다.

### 2) 미소 준비운동

대개의 현대인들은 상대방으로부터 "얼굴이 굳어 있다."는 말을 자주 듣는다. 얼굴이 굳으면 남의 마음을 끄는 미소를 만들 수 없다. 운동을 시작하기 전에 준비운동을 하는 것처럼 웃는 얼

웃는 사람이 성공한다

굴을 만들기 위해서도 먼저 준비운동이 필요하다. 상대방의 마음을 끄는 미소를 짓기 위해 다음과 같은 것들을 실천해 보자.

- 입이 찢어질 정도로 크게 벌리고 한글 모음 발음인 '아 에 이 오 우'를 반복한다.
- 다문 입술을 좌우로 돌려 움직이는 것을 반복한다.
- 코 밑의 인중을 힘껏 아래로 뻗는다. 이것을 반복한다.
- 얼굴 근육을 크게 천천히 움직여 본다. 얼굴에는 표정근이 거미줄처럼 얽혀 있다. 이것이 굳어 있으면 여유 있고 생기 있는 표정을 만들 수 없다.

이 준비운동도 아침저녁으로 거울 앞에서 반복하며 습관화하는 것이 좋다. 일단 습관이 되면 전혀 어색하지 않고 얼마든지 웃는 얼굴을 만들 수 있다. 더 나아가 자신의 모든 감정을 얼굴 표정으로 표현할 수 있다.

### 3) 얼굴 마사지를 하는 방법

양손 세 손가락으로 관자놀이를 누르고 손바닥을 볼에 댄다. 볼에 댄 손바닥을 이용해 바깥쪽으로 한 번, 안쪽으로 한 번 천천히 원을 그린다. 5분간 반복한다.

이것이 끝나면 양쪽 두 손가락으로 이마, 눈, 볼, 인중, 턱 등 얼굴의 모든 부분을 빠짐없이 누른다. 눈을 지압할 때는 눈동자를 중심으로 원을 그리듯 손가락을 이동하면서 누른다. 이 과정이 끝나면 잠이 달아나고 기분이 상쾌해지는 것을 느낄 수 있을 것이다. 이 같은 마사지를 계속하면 따로 시간을 들이지 않아도 충분한 마사지 효과를 볼 수 있다.

조금 더 자연스러운 미소를 원한다면, 양면 거울을 가지고 다니며 표정을 확인하는 것도 좋은 방법이다. 자신의 표정을 수시로 확인한다. 마사지 전후나 화장실에 갈 때 등, 일정한 간격을 두고 반복하면 마사지 효과를 극대화시킬 수 있다.

## 좋은 인상을 위한 운동

### 1) 웃음의 진정한 가치

이번에는 내가 타인에게 좋은 인상을 주기 위한 훈련법으로, 래프 트레이닝에 대해 알아보자. 웃음은 상대방에게 좋은 인상을 심어 줄 때 비로소 그 진정한 가치가 나타난다. 아무리 열심히 했다 해도 내 표정이 남들에게 거부감을 주게 된다면 결코 좋은 웃음이라고 할 수 없다. 사람마다 좋아하는 취향이 다르고, 각자 처한 상황이 다르기 때문에 모든 사람들에게 호감을 주기 위해서는 많은 노력이 필요하다.

웃는 사람이 성공한다

누구나 서투른 일을 할 때는 어딘가 불안해 보이고 우스꽝스
럽게 느껴지기도 한다. 때로는 면박을 당하는 일도 있겠지만 그
럴수록 연습을 게을리해서는 안 된다. 불필요한 오해를 줄이기
위해서 먼저 친한 친구나 가족들에게 부터 웃어 보이는 게 좋을
듯싶다. 그러다 보면 주변 동료들의 반응을 통해 점점 더 밝아
지는 자신의 변화를 깨달을 수 있을 것이다.

"무슨 좋은 일이라도 있어?" "요즘 얼굴 좋아졌네." "갈수록
젊어지는 비결이 뭐야?" 이제는 여러분들이 대답을 할 차례다.
친근하게 웃어 보이든지, "무슨 소리야?" 되물으며 화를 내든
지. 어떤 대답을 하든 그것은 순전히 당신의 몫이다.

### ③ 어느 미장원의 '웃음 대회'

서울에 사는 H 미장원 주인은 자신을 비롯해 전 직원이 참
가하는 '웃음 대회'를 열었다. 심사위원으로 위촉된 단골손
님들은 누구의 웃음이 가장 아름답고 친절하게 느껴지는지
세심히 관찰했다. 5분여의 상의 끝에 우승자가 결정되자,
사장은 격려의 말과 함께 부상을 전달했다.

그 일이 있고 난 이후부터 미장원 안에서는 웃음소리가 끊
이지 않았다. 덩달아 손님도 많아졌다. 미장원 주인은 '웃음
대회'라는 기발한 이벤트를 통해 일석이조의 효과를 거둔 것
이다.

웃음은 점점 더 삭막해지는 직장에 활기를 불어넣는다. 큰 소리로 인사하며 웃는 분위기가 형성되면 동료들의 얼굴 표정은 밝아지고, 점점 더 가중되는 업무에 묻혀서도 심리적 안정을 찾을 수 있는 여유가 생긴다.

한 번이라도 이러한 웃음의 효과를 본 사람이라면 주변 사람들에게도 적극 권하는 게 좋지 않을까 싶다. 불가능한 일을 가능하게 하는 건 기적이 아니라 한 사람의 노력으로부터 시작된다는 사실을 당신은 이미 알고 있으니 말이다.

이는 가정에서도 마찬가지다. 현대의 가정은 과거부터 전해져 내려오는 가족의 전통 형태와는 거리가 멀다. 핵가족화가 가속화되면서 점점 더 독립을 꿈꾸는 젊은이들이 늘어나고 있다. 부모와 같이 살고 있는 경우라 하더라도 예전처럼 온 가족이 한방에서 생활하는 모습을 찾아보기는 어렵다.

아이들은 자신의 방을 갖고 있고 자기만의 시간을 갖기를 원한다. 직장 업무에 지친 아버지는 집으로 돌아오면 늘 쉬기를 원하고, 반복되는 일상의 무료함에 지친 어머니 역시 자신만의 시간을 쫓는다. 각자의 독립된 시간이 늘어날수록 가족 간의 대화도, 웃음소리도 점차 사라진다. 치열한 경쟁 속에서 사업에 성공하고, 사회적으로 인정받는 지위에 올랐다고 해도 그들의 가정에서는 좀처럼 환한 웃음을 찾아보기 어렵다.

이것이 우리 가정의 현실이다. 무엇이든지 잃기는 쉬워도 회복하는 데는 몇 배의 시간과 노력이 필요한 법이다. 퇴근하자마자 큰 소리로 웃는 아버지를 향해 어쩌면 식구들조차도 의아한 눈길을 보낼지 모른다. 하지만 온 가족의 웃음소리를 되찾기 위해서라면 그 정도의 어색함은 충분히 감수할 수 있는 일이 아닐까. 그보다 더한 고통도 즐겁지 않을까.

### 2) 래프 트레이닝

래프 트레이닝이란 입을 크게 벌리고 소리 내어 웃는 모습을 연마하는 훈련 방법이다. 사람들은 이와 같이 웃을 때 복식호흡을 하게 되며 내장의 기능이 좋아지고 개방적인 태도를 갖게 된다. 더불어 적극적인 웃음의 효과와 효능을 기대할 수 있다.

- **폭소 트레이닝**

입을 크게 벌리고 웃는 훈련이 폭소 트레이닝이다. 웃음은 '가가대소'라고 하지만 더 신나게 웃는다는 의미에서 '폭소'라는 말이 적합하다. 다음과 같은 내용을 낭독하며 읽어 보자.

- 웃음은 인간만이 가지는 멋진 특권이다. 이것을 활용하지 않으면 손해이기 때문에 적극적으로 활용하라.
- 즐거움과 건강을 얻기 위해 반복해서 웃자. 슬플 때도 웃을 수 있도록 노력하자.

- 배 속으로부터 울려 나오는 큰 소리로 웃자. 고민 따위는 날려 보내고 인
  생을 긍정적으로 바라보자.
- 부끄러워하지 말고 바보가 되더라도 그저 웃자.

이처럼 마음속으로 외치면서 배 속에서부터 울려 나오는 소리로 유쾌하게
웃으면 조금씩 변하는 자신의 모습을 발견할 수 있을 것이다. 누차 강조하
지만, 당신도 아름다운 미소를 가질 수 있다.

• **일일 일소법**

몇 년 전, 인터넷 신문에 아마추어 축구리그에 참여하는 '좋은 사람들' 축
구팀이 갑자기 강해질 수 있었던 비결을 소개한 기사가 실렸다. 좋은 사람
들 축구팀은 60여 개 팀이 참여하는 리그에서 52위를 달리고 있었지만 3
개월 만에 24순위로까지 순위가 올라갔다. 특별히 전력 보강을 하지도 않
았고 작전의 변화를 준 것도 아니기에 갑자기 팀 전력이 상승에 이유에 대
해 여러 사람들의 이목이 집중됐다. 그 흥미로운 내용을 소개하면 다음과
같다.

계속되는 패배로 분위기가 가라앉은 선수들에게 팀을 이끌고 있는 주장은
하루에 한 번씩 큰 소리로 웃자고 제안했다. 갑자기 무슨 소리인가 싶어
내키지 않았지만 진지한 주장의 제안을 거스를 수는 없었다. 처음에는 의
도를 몰라 불평하던 선수들도 차츰 어색하게 웃어 보이는 동료의 표정에
폭소를 터트리기 시작했다. 그러는 사이 자연스럽게 팀 분위기가 밝아졌고

패배에 익숙하던 선수들도 활기를 되찾았다.

축구가 아닌 무엇이라도 엇비슷한 실력의 소유자들끼리의 경쟁이라면 마음가짐에 따라 그 결과가 달라지기 마련이다. 아마추어 리그의 좋은 사람들 팀이 강해진 비결 역시 따지고 보면 매우 간단한 동기에서부터 시작된 것이었다. 그만큼 웃음은 몸과 마음을 긍정적으로 변화시키는 신비한 마력을 지니고 있다. 아무리 노력해도 웃음이 나오지 않는다면, 코미디 프로를 시청하며 억지웃음을 지어 보이는 것도 좋은 방법이다.

- **손 박자법**

재즈 음악이나 가벼운 리듬에 맞춰 손뼉을 크게 치며 웃는다.

- **눈 싸움법**

2인 1조로 서로 마주 보고 앉아 수단과 방법을 가리지 않고 상대를 웃긴다. 신체 자극을 주는 것은 반칙이지만, 도저히 이길 수 없는 경우에는 약간의 규칙을 어겨도 무방하다. 물론 반칙을 해서 이겼다는 말은 아무에게도 하지 않는다.

## 진실한 마음으로 웃는 훈련법

지금까지 멋진 웃음을 지을 수 있는 방법과 테크닉에 대해 설명했다. 그러나 웃음이란 마음에서 우러나와야 가장 자연스럽고 아름답다. 마인드 트레이닝은 아름답고 건강한 미소를 짓기 위한 준비 과정으로, 마음을 단련하고 가꾸는 훈련 방법이다.

### 1) 마인드 트레이닝 훈련법

일상생활에서 자신의 실패담을 재미있게 설명함으로써 모두를 웃게 만든다. 그 방법은 유머 스피치인데, 각자 할당된 시간은 2분이다. 이것도 상당한 준비가 필요하다. 먼저 일상생활 속에서 화제가 될 만한 것을 찾아야 한다. 사소한 일에도 주의를 기울여 살피고 소재가 될 만한 것은 메모해 두어야 한다.

그다음, 스토리를 구성한다. 재미있는 부분은 조금 강조하거나 부풀려서 결론을 이끌어 내기도 한다. 줄거리가 완성되면 2분간 이야기를 할 수 있도록 불필요한 곳을 삭제하고 압축시킨다. 그런 다음 적어도 세 번은 예행연습을 할 필요가 있다. 장소는 화장실이 가장 좋다.

청중 앞에서 발표할 때는 웃는 얼굴로 몸짓을 섞어 가며 듣는 사람들이 이해하기 쉽고 재미있도록 구성한다. 이야기를 효과적으로 진행하기 위해서는 적당한 의성어, 의태어가 필요하며 내용에 해당하는 소품이나 도구의 사용도 도움이 될 수 있다. 절정이나 반전 대목에서는 듣는 사람들이 이해하기 쉽도록 말의 속도를 조절한다.

반대로 듣는 입장이 되면 이야기하는 사람을 주시하고 경청하며, 조금이라도 웃기는 대목이 나오면 적극적으로 분위기를 띄운다. 모든 이야기가 끝나면 힘찬 박수를 보낸다. 화제가 될 만한 이야기를 발견하고 수집하려는 태도 자체가 적극성을 띠는 동기가 되며 매사에 긍정적인 사고를 할 수 있도록 도와준다.

웃음을 이끌어 내는 준비 과정에서의 창작 태도 역시 마음이나 뇌의 활성화를 촉진시킨다. 그러나 무엇보다도 자신의 이야기를 상대방이 재미있어한다는 만족감은 그 어떤 것과도 바꿀 수 없는 성과가 된다. 이를테면 '남을 도왔다'는 자기 스스로의 평가가 오히려 가장 큰 소득으로 남는다.


## 2) 마인드 트레이닝의 효과

웃음 트레이닝 가운데 마인드 트레이닝의 중요성을 강조하는 이유는 다음과 같은 효과 때문이다. 누구나 대중 앞에서 자신의 얘기를 발표할 때 긴장하기 마련이다. 나아가 많은 사람을 웃기기 위해서 나름대로 노력하고 정신을 집중할수록 더 많은 웃음의 효과를 체득할 수 있다.

이러한 과정에서 생성되는 긴장과 노력은 사람들에게 활력을 가져다주며 적극적인 성품을 갖게 한다. 남을 웃기고 즐겁게 하는 일이 그들의 관심과 배려에 대한 보답으로 이루어지는 실천인 동시에 자신을 위한 노력이기도 한 것이다.

웃음은 남의 얘기를 듣고 행해지는 것도 좋지만, 자신이 상대방을 웃기고 만족감을 느낄 때 더 많은 효과를 본다. 이러한 사실을 잊지 않고 꾸준히 노력하면 유머를 전혀 모르던 사람도 여유 있는 삶을 즐길 수 있게 될 것이다.

### 3) 생활주변에서 웃을 거리 찾기

우리 주변에서 가장 흔하게 찾을 수 있는 유머 화제는 '실패담'이다. 쓰레기통에 중요한 서류나 지폐를 버렸다가 야단법석을 치른 이야기, 병원에서 받은 설사약을 먹고 새벽에 소동을 일으킨 사건 등 조금만 관심을 기울이면 곳곳에서 많은 화젯거리를 수집할 수 있다. 그 밖에 가족의 과장된 버릇과 약점, 이를테면 남편의 코 고는 소리, 잠자는 버릇 등도 만나는 화젯거리다.

그런가 하면 어린이가 등장하는 경우도 많다. 예컨대 대여섯 살의 딸이 파마를 한다고 다리미로 머리를 홀랑 태웠다거나 부모의 잠자리를 엿본 아들이 엄마 배 위로 올라가 "아빠는 배 태워 주면서 나는 왜 안 태워 줘." 하는 이야기 등이다.

여행에 관한 에피소드도 재미있다. 호텔 화장실에 지갑을 떨어뜨린 남자가 겨우 집어 올려 깨끗이 씻었지만 냄새가 나지 않을까 싶어 돈은 쓰지 못했다. 그런데 주머니에 넣은 손에 냄새가 배어서 주변에 있던 사람들이 모두 도망쳤다는 이야기 등이다. 이외에도 '식용', '취미', '직업', '방언', '이름', '병원', '흉내

내기', '섹스에 관한 이야기' 등 찾으려고 들면 소재는 무궁무진하다.

### 4) 눈은 웃음 트레이닝에서 중요한 포인트

눈은 웃음 트레이닝에서 가장 중요한 포인트이다. 예전부터 "눈은 입만큼 말한다."는 말이 있다. 표정은 웃고 있지만 눈동자에 분노가 서려 있다면 상대방은 긴장을 늦추지 않고 경계할 것이다.

눈에는 실로 다양한 표정이 담겨 있다. 번득이는 눈, 불타는 눈, 호소하는 눈, 냉혹한 눈, 찌르는 듯한 눈, 흘겨보는 눈, 서글서글한 눈, 매력적인 눈 등….

미소를 지을 때는 자신의 마음이 담긴 '서글서글하고 호의적인 눈'으로 상대의 눈을 바라보는 것이 중요하다. 이런 눈을 만들기 위해서는 여러 가지 방법이 있지만 그중에서도 거울을 보며 눈이 지닌 좋은 표정을 담는 것이 가장 효과적이다.

눈에도 표정이 있다는 말이 생소한 사람도 있겠지만, 그보다도 우리나라 사람들은 상대방의 눈을 마주 바라보는 일에 서투르다 보니, 눈이 말한다는 표현이나 미소를 머금은 눈이라는 표현을 이해하기 힘들지도 모른다. 그러나 그것을 직접 본 사람이라면 그것이 얼마나 매력적인 모습인지 너무나 공감할 것이다.

## 5) 나를 표현하는 거울은 미소다

마주 보고 있는 상대방이 어색하고 불편하게 느끼는 미소라면 차라리 미소를 짓지 않는 편이 더 낫다. 미소는 자기소개를 하기 전에 이루어지는 상대와의 첫 교감이자 나의 첫인상을 결정 짓는 중요한 수단이기 때문이다. 첫인상은 단 한 번의 기회이므로 잘못 심어지게 되면 다시 수정하는 것이 어렵다.

미소는 첫인상을 좋게 하는 데 매우 중요한 역할을 하므로 미소 띤 표정을 하기 위해서는 연습이 필요하다. 미소는 마치 호흡과도 같아서 지속하지 않으면 구름같이 흩어져 버린다. 이러한 미소를 가꾸고 오래 유지하기 위해서는 반복적인 노력이 반드시 필요하다.


- 복식호흡 요령으로 숨을 천천히 들이마시고 토하듯이 내쉬기를 반복한다.
- 아침에 눈을 뜨면 자리에서 크게 심호흡을 하며 길게 내쉰다. 상쾌한 기분으로 '아, 에, 이, 오, 우'를 해 보며 얼굴 표정을 살린다. 그러고 나서 양 입꼬리를 올려 미소를 지어 본다.
- 잠들기 전에도 편안한 자세에서 일정한 호흡을 유지하며 미소 짓는다.
- 앉거나 서거나 걷고 있을 때 혹은 공부하거나 일을 할 때도

앞서서 설명한 호흡법을 반복하며 양 입꼬리를 올려 미소를 지어 본다.

- 늘 긍정적으로 생각하고 좋았던 일을 떠올리며 기분 좋게 지낸다.

## 6) 자주 웃는 부부는 이혼하지 않는다

우리나라의 부부는 가정에서 서로 환한 얼굴로 대하는 경우가 아주 드문 것 같다. 신혼 시절이 지나고 결혼 생활이 길어질수록 부부사이의 대화도 적어지고 웃는 얼굴도 점차 줄어든다. 남편은 일에 쫓기고 아내는 자녀 교육과 집안일에 전념하다 보면 서로 다른 세계에서 생활하게 되고, 결국 서로에게 소홀해지는 경우가 많다.

그러다 나이가 들어 아차 싶었을 때는 이미 황혼기를 맞아 동거이혼, 정년이혼, 노령이혼에까지 이르는 사람도 있다. 경우에 따라 차이는 있겠지만 그와 같이 되는 원인은 부부가 된 후 서로를 배려하고 위하는 노력이 부족했기 때문일 것이다. 젊었을 때는 서로 마음의 끈을 붙들고 있지 않아도 애정이 싹트지만, 부부가 된 후에는 노력하지 않는 사랑은 곧 시들고 만다.

만약 남들도 다 그렇게 살지 않느냐고, 어쩔 수 없는 일이지 않느냐고 되묻는다면 당신은 무책임한 사람이다. 자신의 힘으로 어떻게든 할 수 없는 것은 스스로 불가능하다고 생각하기 때문이다.

지금까지의 삶이 만족스럽지 못하다면, 집으로 돌아가는 길이 즐겁지 않다면 오늘부터라도 아내의 미소를 되찾아 주기 위해 노력해 보라. 큰 소리로 웃으며 많은 부분을 포기하고 사는 그녀를 위로해 주라. 눈을 뜨고 다시 잠자리에 들 때 서로 인사를 주고받는 것만으로도 부부 사이는 훨씬 좋아진다.

사회가 점차 서구화되면서 불행한 결혼 생활을 지속하려는 부부들을 찾아보기 힘들어졌다고 걱정의 목소리가 들려온다. 물론 자신을 희생하면서 불행한 결혼 생활을 지속하는 것만이 능사는 아니다. 때로는 이혼이 두 사람 모두에게 행복과 자유를 가져다주기도 한다.

그러나 이혼서류에 도장을 찍기 전에 결혼 생활이 왜 불행하겠는지 한 번쯤은 뒤돌아보아야 하지 않을까. 악화된 사이를 회복하기 위해 최선의 노력을 기울인 후에라야 후회가 없지 않을까. 제3자의 입장일 뿐이지만, 일단 그렇게 해 보라고 말하고 싶다.

부부애는 영원할 수 있다. 부부 갈등이 길어지면 대화가 뜸해지고 둘 사이는 더욱 멀어진다. 서로를 이해하기 위해서는, 부부는 원래 남남이었고 성별도 다르다는 점을 인정하고 대처하는 편이 좋다. 쉽게 납득이 안 되는 '여자는 낭만, 남자는 현실'이라는 말을 생각하고 인정한다면 서로 간의 신뢰를 훨씬 빨리 회복시킬 수 있을 것이다.

예외가 있을 수 있겠지만 사회 경험이 없는 주부들은 가끔 현실을 무시하고 일을 추진하면, 자신의 감정적 욕구를 충족시키려고 한다.

그와 반대로 남자는 통상 매사를 냉정하고 현실적으로 생각한다. 대부분의 직장 남성들은 선택의 기로에 섰을 때 안정적인 생활이 가능한가를 먼저 떠올린다. 나는 이런 차이가 종족, 나아가 인류의 존속을 위해 부득이하다고 생각한다.

아내와 남편이 똑같이 비현실적인 사고로 일관한다면 인류는 멸망하기 딱 좋다. 그래서 이와 같은 서로의 특징을 인정하고 다투지 않고 살도록 노력할 이유가 분명히 있는 것이다. 부부가 서로의 장단점을 보완하고 이해하면 사랑이 영원하지 못할 까닭이 어디 있겠는가.


## 7) 성공하려면 성공한다는 생각을 하라

체조나 스포츠에서 준비운동이 필요하듯이 성공을 위해서 마음가짐을 다지는 것이 필요하다. 마음가짐에서 가장 중요한 점은 '성공하려고 생각만 한다면 성공할 수 있다'는 법칙을 알고, 그것을 믿는 일이다.

"인생은 생각한 대로 된다."는 말이 있다. 이 말을 이를테면 '좋다고 생각하면 좋은 일이 일어나고 나쁘다고 생각하면 나쁜 일이 일어난다'는 의미이다. 그렇다면 성공하기 위해서는 어떻게 행동해야 할까?

첫째, 가치 있는 목표를 설정한다. 남이 어떻게 생각하든 내가 꼭 싶은 일을 계획한다. 그리고 그것을 향해 집중하라. 이것이 남에게 선한 영향을 끼친다면 더 바랄 것이 없을 것이다.

둘째, 목표를 달성할 수 있는 구체적인 날짜를 잡는다. 날짜를 정하지 않으면 노력의 강도가 약해져 결과가 더디게 나타나기 때문이다.

셋째, 목표를 종이에 적는다. 목표로 정한 것을 큰 종이에 써서 천장이나 벽에 붙이거나 수첩에 적어 가지고 다니면서 본다.

넷째, 자신의 목표를 타인에게 선언한다. 목표를 혼자만 생각하지 말고 남에게 "나는 목표를 반드시 이루고 말 것이다."라고 말해 둔다. 남들이 뭐라 하든 무관하게 미리 선언을 하면 자신과의 약속을 선언했기에 실천하지 않을 수 없는 상황이 된다.

다섯째, 영상 이미지를 마음에 그려라. 인간의 무한한 잠재의식은 현재의 자신을 몇 십 배 발전시킬 수 있다. 그럼에도 대부분 활용하지 못하고 있다. 영상 이미지를 마음속에 그리게 되면 잠재능력을 최대한 활용할 수 있다.

여섯째, 목표를 위해 단단히 결의하라. 주위의 말에 흔들리지 말고 자신이 마음먹은 대로 목표한 것을 굳건히 밀고 나아가라. 그래야 목표를 이루어 낼 수 있다.

웃는 사람이 성공한다

### 8) 상대에게 웃음으로 다가서라

낯선 사람에게 웃음을 먼저 건네는 일은 누구에게나 쉽지 않은 일이다. 상대에게 먼저 웃음을 건넨다면 아마도 그 사람은 이미 마음이 열려 있는 사람인지도 모른다. 웃음에도 다 때와 장소가 있기 때문에 지나가는 사람을 보고 히죽거린다든지 누군가 발표를 할 때 갑자기 웃어 버린다는 것은 오히려 실례가 될 수도 있다.

아침 출근길이나 산행에서 자연스럽게 만나는 사람과 가벼운 눈인사를 하면서 밝은 미소로 "반갑습니다." 하면서 인사를 보내면 거기에 걸맞은 표정과 답이 돌아올 것이다. 용기를 내서 오늘부터 거리에서 만나는 이웃에게 미소가 담긴 밝은 표정으로 인사를 해 보라. 상대의 반응에 구애받지 말고 매일 반복하다 보면 어느새 표정이나 태도가 자연스러워져서 인사를 건넬 수 있다.

혹시라도 상대방이 처음 보는 사람처럼 반응하면 당황하지 말고 어디 사는 누구라고 편하게 답하면 된다. 사회생활을 하다 보면 많은 사람들을 만나 오기에 모를 수도 있다. 아니면 "아하, 제가 알고 있던 김 부장님인 줄 알았네요. 죄송합니다." 하고 자리를 뜨는 것은 어떨까?

### 9) 칭찬에 익숙해져라

"사람을 찬미할 수 있는 사람이야말로 참답게 명예스런 사람이다."라는 말이 있다. 『탈무드』에 등장하는 문장이다. 사람이라면 누구나 칭찬을 들으면 기분이 좋아지고 또한 그렇게 되기를 원할 것이다.

칭찬을 듣게 되면 자아의식이 자극되기 때문에 기분이 좋아진다. 자아의식이 강한 사람일수록 칭찬에 약한 것은 그 때문이다. 따라서 비록 아첨하는 느낌이 들더라도 칭찬을 계속하면 효과가 크다. 가령 여성에서 아름답다고 칭찬하면, 그것이 빈말인 줄 알면서도 듣는 사람은 기분이 좋아지는 것이다.

영국 속담에 "바보라도 칭찬을 해 주면 유용하게 쓸 수 있다."는 말이 있다. 칭찬은 상대의 기분을 북돋워 줄 뿐 아니라 능동적으로 더욱 잘해 보고자 하는 용기를 키워 준다. 한마디 힐책보다는 한마디 찬사가 상대를 훨씬 부드럽게 해 주며 기분 좋게 대인관계를 할 수 있게 한다.

### 10) 돌려서 하는 칭찬이 더 효과적이다

직접 얼굴을 마주하고 있는 자리에서 칭찬을 들으면 쑥스러운 마음이 생기기 마련이다. 따라서 상대를 직접 칭찬하기보다는 돌려서 칭찬하는 요령을 알아 두는 게 좋다.

### ☾⟫ 둘 중 누가?

할리우드에 사는 어느 변호사의 부인은 영화배우 잉그리드 버그만과 친구 사이였다. 버그만이 세금으로 골치를 앓고 있자, 변호사의 젊은 부인은 그녀를 남편 사무실로 데려갔다. 세무 상담을 마치고 두 여자가 돌아간 뒤에 변호사는 조수에게 넌지시 물었다.

"여보게, 지금 내 아내가 데리고 온 사람이 누군지 알겠나?"

그러자 조수는 잠시 멈칫하다가 되물었다.

"모릅니다. 대체 누굽니까?"

"바로 그 유명한 잉그리드 버그만이야."

"그래요? 그런데 두 여자분 가운데 어느 쪽이 버그만이었습니까?"

그러자 변호사는 기분 좋은 웃음을 터뜨리면서 이렇게 말하는 것이었다.

"자네는 정말 훌륭한 재능을 가지고 있군. 사람을 기분 좋게 만드는 그 재능 하나로 자네는 틀림없이 성공할 걸세."

할리우드에 사는 그 조수가 잉그리드 버그만의 얼굴을 몰랐을 리 없다. 그런데도 변호사의 부인과 혼동한 척한 것은 변호사 부인의 미모를 칭찬하면서 변호사의 기분을 좋게 만든 화술이었다. 이렇게 돌려서 칭찬하면 상대를 움직여 자기편으로 만들 수 있는 것이다.

그런가 하면 상대가 가장 소중히 여기는 제3자를 들어 칭찬하는 것도 활용해 볼 만한 방법이다. "그 사람을 알려면 먼저 그 친구를 보라."는 말도 있다. 이 말을 바꾸어 놓으면 "그 사람을 칭찬하려면 먼저 그 친구를 칭찬하라."는 것과 같다.

누구에게나 친구는 있다. 훌륭한 친구를 가진 사람은 그것을 자부심으로 느낀다. 특히 이러한 심리는 친구가 이성일 때 더 강하다. "자네, 어제 같이 점심 먹은 여자가 누구지? 참 예쁜 미인이더군. 발랄하면서도 매력적으로 보이더란 말이야." 이렇게 칭찬해 주면 상대는 우쭐해할 것이다.

그러나 반대로 말하면 당신을 금방이라도 잡아먹을 듯이 대하지 않을까. "자네하고 어제 같이 있던 여자가 대체 누구야? 별로 미인도 아니면서 도도한 척만 하더군." 친구가 모욕을 당하면 곧 자기 자신이 모욕을 당한 것처럼 불쾌감을 느끼는 것이 우리의 정서이다.

## 11) 남을 존중해 주면 내가 존중받는다

"어이, 물 한 잔 갖다 줘." 가정에서 남편이 아내에게 흔히 하는 말이다. 가정에서도 아내를 무시하는 말투를 꺼내서는 안 되는 일인데, 직장에서 동료나 부하 직원한테도 부탁도 이런 식으로 하는 사람이 있다. 이렇듯 거만한 말투는 상대로 하여금 감정을 사게 한다.

웃는 사람이 성공한다

### ㉛ '이봐'와 '주인장'의 차이

나이 지긋한 사람이 시장에서 정육점을 하고 있었다. 어느 날 남자 두 사람이 고기를 사러 왔다. 먼저 온 남자가 거드름을 잔뜩 피우면서 말했다.

"이봐! 고기 한 근 줘."

"네, 그러지요."

주인은 고기를 잘라 주었다.

곧이어 들어온 또 다른 남자는 나이가 지긋한 주인에게

"주인장! 여기 고기 한 근 주세요."

"네, 그러지요."

주인은 기분 좋게 대답하고는 고기를 잘라 주는데, 먼저 고기를 산 남자가 보니 자기가 받은 고기보다 갑절은 되어 보였다. 화가 난 그 남자가 소리를 지르며 따졌다.

"이봐! 같은 한 근인데 어째서 이 사람 것은 크고 내 것은 이것밖에 안 되는 거냐?"

그러자 주인은 능청스럽게 대답했다.

"그야 손님 고기는 '이봐'가 자른 것이고, 이 어른 고기는 '주인장'이 잘랐으니 다를 수밖에요."

다른 사람에게 뭔가를 부탁할 때는 정중한 태도를 유지하는 것이 필수적이다. "죄송합니다만 자재부에 이 서류를 좀 전달해 주실 수 없겠습니까?" "수고스럽지만 오늘까지는 그 서류를 마쳐 주십시오." "실례입니다만 차기 앙케이트 조사에 응해 주시면 감사하겠습니다."

이와 같이 '죄송합니다만', '수고스럽지만', '실례입니다만' 등의 말을 사용함으로써 상대의 기분을 좋게 할 수 있다. 이런 부탁을 들으면 상대는 흔쾌히 받아들여 주는 것이다. 왜 이러한 말이 효과를 가져오는 것일까?

사람은 감정의 동물이라고 한다. 자존심, 허영심, 수치심, 질투심, 욕심 등 여러 가지 감정이 마음속에 자리 잡고 있다. 더구나 그러한 감정이 한 번 분출하면 그것은 이성을 넘어서 한 개인을 지배하는 힘을 갖는다. 그러므로 상대에게 자신의 의지를 전달하고, 자신의 부탁대로 움직이도록 하기 위해서는 이러한 인간의 본성을 잘 간파하는 것이 중요하다.

특히 상대의 자존심을 지켜 주는 말이 무엇보다도 중요하다. 상대의 자존심을 지켜 주기 위해서는 이야기의 밑바닥에 상대에 대한 존중을 깔고 있어야 한다. 그렇게 되면 상대는 '아, 이 사람이 나를 이만큼 존중해 주는구나!' 하는 생각으로 당신의 이야기에 기분 좋게 귀 기울일 것이다.

### ☺ 남자와 여자의 차이 1

- 여자는 태어나서 세 번 칼을 간다.

1. 사귀던 남자친구가 바람피울 때
2. 남편이 바람피울 때
3. 사위가 바람피울 때

- 남자가 살면서 쥐구멍에 들어가고 싶을 때
1. 카드대금 청구서 날아올 때
2. 아내가 분만실에서 혼자 힘들게 애 낳았을 때
3. 부인이 비아그라 사올 때

### ☺ 남자와 여자의 차이 2
- 여자는 성격이 나쁘고 일을 못해도 예쁘면 모든 게 용서되지만, 남자는 허우대만 멀쩡하다는 소릴 듣는다.
- 여자의 눈물은 주변 사람들에게 동정을 사지만, 남자가 눈물을 흘리면 정신 상태가 약해 빠졌다는 소리만 듣는다.
- 여자는 돈 없이 길에 서 있어도 무임승차로 태워 줄 남자가 많지만, 남자는 걸어서 집에까지 가야 한다.
- 여자는 키가 작아도 귀엽고 깜찍하다는 소릴 듣지만, 남자는 난쟁이똥자루라는 말을 듣는다.

### ☺ 여자의 이중성
1. "싫어요"

"영화 볼까요?" "술 마실까요?"에 "싫어요" 하면서도 영
화 보고 저녁 먹고 술 마시고 '거기'까지 따라오는 그녀.
2. "마음에 들지 않아요."
옷 사러 2시간 동안 50군데쯤 돌아다니고 나선 맨 처음
가게에서 산다.
3. "큰일이야, 늦었어!"
약속 시간에 늦었다고 발을 동동 구르면서도 화장을 한
시간째 한다.
4. "나는 안 되지만 너는 약속해!"
시부모 모시고 살자는 말에 "차라리 이혼해!" 하면서 방
방 뜨다가 아들이 결혼할 때가 되니까 "결혼해도 우리랑
같이 살 거지?" 한다.
5. 이기적인 기억력
불리할 땐 아이 낳느라고 고생해서 건망증이 생겼다고 발
뺌하다가도 바가지 긁을 때엔 연애 때의 일까지 시시콜콜
끄집어내서 공격한다.


### ③ 남자의 이중성

- 꼬실 땐 엄마 닮아서 좋다고 하고, 헤어질 땐 엄마 같아
서 싫다고 한다.
- 자기 애인은 옷이 조금만 야해도 천박해 보인다고 싫어하

웃는 사람이 성공한다

면서 다른 여자가 그렇게 입고 다니면 좋아서 어쩔 줄을
모른다.

- 여자 인물 보고 사냐고 하면서 성형미인이라도 예쁜 여자
  만 좋아한다.

- 호텔에 데려가려고 감언이설을 해서 꼬실 땐 언제고 나중
  엔 "넌 너무 헤퍼." 하면서 헤어지자고 한다.

- 꼬실 땐 아무리 바빠도 하루에 수도 없이 전화와 문자질
  을 해대다가 싫증나면 갑자기 '몹시', '눈코 뜰 새도 없이'
  바쁘다고 한다.

# PART 4

# 유머 마케팅으로
# 성공하라

"즐거움은 최고의 에너지이며,
즐거움은 모든 것을 변화시킨다."

– 앤서니 라빈스

한번은 방문 판매왕이라는 분을 만난 적이 있었다. 그 사람에게 어떻게 세일즈 왕이 되었느냐고 물었다. 남다른 비결이 있을 거라고 생각했기 때문이다. 그랬더니 그분이 활짝 웃으면서 이렇게 대답했다.

"비결이요? 저는 딱 한마디만 잘합니다. 아파트를 방문해서 아줌마가 나오면 '아가씨, 집에 엄마 계세요?' 하고 묻습니다. 40대이건 50대이건 이 한마디에 '어머 제가 아가씨로 보여요? 들어오세요.' 하거든요."

내가 알고 있는 김 교수님께서는 남자들을 보면 항상 "결혼하셨어요?" 하고 묻는다. 언뜻 보기에도 한 번은 물론이고 두 번도 했을 것 같은데도 말이다. 그런데도 많은 남자들이 그 '빤한 거짓말'을 알면서도 기분 좋게 받아들인다는 것이다.

흔히 말하는 '고객 만족'이란 이처럼 고객의 기분을 즐겁게 해 줌으로써 상품이나 기억에 대한 이미지를 상승시키는 동시에 판매 효과도 높이자는 마케팅 전략이다.

어느 미용실은 실내 한쪽을 카페처럼 꾸며서 머리를 하러 오는 손님들에게 인터넷 사용과 커피, 떡볶이, 김밥 등을 무료로 제공하는 서비스로 문전성시를 이루고 있다. 미용실은 머리하려면 서너 시간씩 무료하고 따분하게 기다려야 한다는 고정관념에서 '미용실은 노는 곳'이란 발상의 전환을 주어 성공했다. 고객 만족이 곧 마케팅의 기본 법칙이다.


## 고객의 욕구를 자극하는 멘트

한 가수가 어느 오락 프로그램에 나와 홈쇼핑에서 러닝머신을 구입한 이야기를 하는 것을 본 적이 있다. 밤늦은 시간에 무심코 채널을 돌리다가 쇼핑 호스트의 유쾌하고도 정감 어린 설명을 들으면 마음이 흔들리기 시작했다고 한다.

"올 여름, 해변에서 당당한 몸매로 주변 여성들의 시선을 사로잡고 싶지 않으십니까?"

이때 갑자기 몸매 좋은 마라톤의 연예인이 등장했고, 웃으면서 러닝머신을 타는 모습을 넋 놓고 지켜보면서 결국 주문을 하고 있는 자신의 모습을 발견했다고 한다.


### ㈜ 할머니의 세일즈 전략

한 할머니가 시장에서 나물을 팔고 있었다. 먹거리는 원산지를 꼭 표기하게 되어 있지만 국산이 아닌 건 그만큼 인기가 없었다. 그런데 유독 이 할머니의 도라지나물은 잘 팔렸다. 더욱이 사람들이 빙그레 웃으면서 사 가는 것이다. 거기엔 이렇게 쓰여 있었다.

"도라지 판매. 지금은 북한산, 통일 되면 국산"

### ③ 최고의 서비스 전략은?

식당 지배인이 여자 종업원들을 모아 놓고 업무 지시를 내리고 있었다.

지배인: 오늘은 다른 날보다 최고의 서비스를 보여야 합니다. 화장도 좀 진하게 하고 치마 길이도 좀 짧게 조정하십시오. 그리고 손님을 맞으면 활짝 웃으십시오.

종업원들: 무슨 일이죠? 오늘 우리 식당에 귀한 손님들이라도 오시나요?

그러자 지배인이 진지한 얼굴로 말했다.

지배인: 오늘 고기가 다른 때보다도 유난히 질깁니다.


## 유머는 고객의 욕구를 끌어올리는 마중물

한국소비자 보호원이 500명의 여성을 대상으로 TV 홈쇼핑 시청에 대한 조사를 한 적이 있었다. 그 결과 TV 홈쇼핑을 통해서 물건을 사기 전에 품질을 비교하는 경우는 53.0%, 가격 정보를

확인하는 경우는 46.2%에 불과한 반면, 쇼핑 호스트의 설명이
구매에 영향을 준다는 대답은 77%나 되었다.

결국 세일즈의 생명은 세일즈맨이 고객의 잠재적인 구매 욕구
를 얼마나 잘 자극하느냐에 달려 있다. 한번 생각해 보자. 반드
시 필요하지는 않아도 세일즈맨의 능숙한 언변에 충동 구매한
적은 없었는지.

"피부를 확 끌어올려 주는 팩을 직접 보실까요?"

1년에 팩 한 번도 사용 안 하는 여성도 '한번 사서 사용해 볼
까?' 하는 생각에 구입하기도 한다. 이렇듯 즐겁고 시선을 끄는
화법, 즉 유머는 구매 욕구를 끌어올리는 마중물과도 같다.

### ☺ 고객을 즐겁게 하는 마인드를 팔아라

머리카락이 하나도 없는 사람이 발모제를 팔고 있었다. 손
님이 그의 머리를 보며 "아니, 본인 머리도 없으면서 어떻게
발모제를 팔아요?" 하고 물었다. 그 말에 남자는 웃으면서
이렇게 대답했다.

"제 친구는 가슴이 없는데 브래지어를 팔고 있는 걸요."

### ☺ 맛집 소개에 안(?) 나온 집

한번은 지방에 강의하러 갔다가 일행과 함께 식당을 찾게
되었다. 기왕이면 맛있는 집에서 먹고 싶어 식당 몇 집을 둘

웃는 사람이 성공한다

러보다가 'SBS 맛집 소개에 나온 집'이라고 쓰여 있는 간판을 보고 잘됐다 싶어서 들어갔다. 그런데 밥을 먹다 보니 어느 하나도 맛있는 게 없었다.

"방송에 소개도 되었다면서 왜 이렇게 맛이 없는 거예요?"

"그러게 말이에요."

이렇게 투덜대면서 겨우 먹고 나와 간판을 다시 보니 사실은 이렇게 적혀 있는 것이었다.

'SBS 맛집 소개에 안 나온 집'

그것을 보고 웃는 순간, 방금 전에 맛없다고 투덜거렸던 마음이 눈 녹듯이 사라졌다. 내가 무엇을 보느냐에 따라 기분이 좋아질 수도 혹은 나빠질 수도 있다는 사실을 깨달았다. 내가 기분 좋으면 모든 것이 좋아 보이고 나오는 말도 곱게 나온다.


## 제품에 유머를 넣어 구매욕을 자극한다

유머를 활용한 펀(Fun) 마케팅이 새로운 소비와 마케팅 코드로 급부상하자, 콘셉트가 독특하고 재미있는 제품들이 속속 등장하여 고객의 욕구를 유발하고 자극시키고 있다.

- 엽기 접시: 어느 한도 이상 음식을 담으면 '그만 먹어.'라고 말하는 다이어트용 접시.
- 애인 대용 팔베개 쿠션: 싱글족을 대상으로 하는 마케팅 전략 상품.
- 퍼즐 알람시계: 알람 시간이 되면 퍼즐을 맞춰야 알람이 멈추는 시계.
- 금연 재떨이: 심장 모양의 재떨이에 재를 떨면 기침 소리가 들리는 엽기 재떨이.

마케팅 전문가들은 이러한 유머 마케팅의 대세에 대해 기능·품질 등의 실용성(Utilitarian)을 중시하는 이성적 소비에서 재미와 즐거움, 즉 감성(Hedonic)적인 서비스를 추구하는 20~30대의 젊은 층이 소비의 주 계층으로 부상하고 있는 데에서 기인한 것으로 보고 있다.


## 가격이 비싸도 고객은 산다

대부분 구입하고 싶은 욕구가 아무리 강해도 가격이 너무 비싸다고 느끼면 고객은 구매를 망설이게 된다. 이때 대개는 값을 깎아 달라는 말을 듣게 되는데, 이러한 가격 흥정에서 유머는

웃는 사람이 성공한다

탁월한 도구로 활용된다. 값이 비싸다는 고객의 말에 대해서는 진심 어린 마음으로 웃으면서 이렇게 맞장구를 쳐 줄 수 있을 것이다.

"맞습니다. 값이 비싸죠. 아주 부담스런 일이에요."

"고객님! 저라도 비싸다는 생각이 들었을 겁니다. 그래서 고객 평을 더 보게 되더라고요."

그 순간, 고객은 미소를 지을 것이다. 결국 가격이 비싸지만 좋으니까 사야겠다는 생각이 들 것이다. 둘러싼 실랑이는 웃음으로 마무리된다.

값을 깎아 달라고 하는 사람들의 대부분은 처음에 딱 한 번만 요구한다고 한다. 그럴 때 고객의 흥정 욕구를 다른 데로 빗겨가게 할 수 있다면, 재차 요구할 가능성은 낮아진다는 것이다.

유머는 가격 흥정도 빗겨 간다는 사실을 기억하고, 유머를 활용해 가격 흥정과 같은 심각한 상황을 웃음으로 대처해 보자.


## 톡톡 튀는 상호가 고객을 부른다

요즘 톡톡 튀는 이름의 쇼핑몰이 재차 각광받고 있다. 톡톡 튀고 재미있는 상호가 펀(Fun) 마케팅에 매력을 보이는 1020 신세대에게 크게 어필할 수 있다는 인식에서다.

'밀려오네'라는 말에 외래어적 느낌을 가미한 '밀리오레', 스페인어로 탁자라는 뜻을 가진 '메사', 24시간 열린 쇼핑몰이란 의미의 '헬로 APM'(AM과 PM의 조합), 가상의 공간에서 자신을 표현하는 애니메이션 캐릭터를 뜻하는 '아바타' 등은 대표적인 쇼핑몰이다.

과거 재래시장이나 쇼핑몰의 이름이 '동대문 의류 도매시장', '남대문시장', '영동시장' 등 지역을 명료하게 알려 주는 평범한 이름이나, 특별한 이름도 없이 덩그러니 세워져 있던 것과 비교하면 엄청난 변화다.

재래시장 내 쇼핑몰의 간판이 나날이 이국적이고 감각적으로 변하면서 재래시장의 이미지가 현대적이고 세련된 모습으로 탈바꿈하고 있다. 이는 1990년대 후반부터 젊고 감각적인 주 소비자 층을 끌어모으기 위한 재래시장의 자구책이란 게 전문가의 중론이다.

두타 쇼핑몰 대표는 "10여 년 전부터 쇼핑몰 간 경쟁이 치열해지면서 소비자의 머릿속에 각인되기 위한 쇼핑몰의 노력 또한 치열해졌다."며 "이에 쉽고 감각적이며 젊은 세대의 관심사에 주파수를 맞춘 이름의 쇼핑몰이 늘어 가고 있다."고 설명한다. 이는 최근 오픈했거나 오픈을 앞둔 쇼핑몰에서도 나타나는 현상이다.

명동의 '하이해리엇'이나 지난 동대문의 '라모도'도 이름으로

웃는 사람이 성공한다

고급스럽고 이국적인 이미지를 강조한 경우다. 서울대입구역의 '에그옐로우'란 이름 역시 '노란 계란'의 이미지가 떠올라 기억하기 쉬운 데다 '노른자위 쇼핑몰이 되겠다.'는 경영진의 포부가 느껴진다. '패션 TV'는 직접 TV 속 패션모델이 되기 바라는 젊은 소비자의 바람을 담은 이름으로, 감각적이란 평가를 받고 있다.

## 재미있는 마케팅으로 성공하라

많은 사람들이 재미를 추구하고 있다. 재미가 있으면 한 번 더 눈길을 돌리고, 기꺼이 지갑을 연다. 이 때문에 각 기업들은 펀 (Fun)에 호응하는 고객을 위해 앞다투어 펀 마케팅을 펼치고 있다. 프랜차이즈 업계도 예외는 아니어서, 다양한 유머 마케팅을 선보이고 있다.

라면 전문점 '그놈이라면(g-nom.co.kr)'은 모든 메뉴 이름을 '~놈'으로 지었다. '매서운 놈', '시원한 놈'이라는 평범한 것부터 '게놈', '잡놈'이라는 과격한(?) 이름까지 메뉴판을 장식하고 있어 웃음을 유발한다.

모양이 재미있는 간식거리도 인기다. '빵파네(bangpane.com)'는 파우치형 빵에 고구마샐러드, 감자샐러드와 같은 속재료를 넣어 먹는 것이다. 모양이 둥그런 것이 호기심을 자아낸다. 기존 토

스트에 비해 칼로리가 낮고, 먹을 때 내용물이 잘 새어 나오지 않는다는 장점이 있다. '에뜨나피자(etnakorea.com)'는 1m나 되는 길쭉한 피자로 눈길을 끌고 있으며, 'BBQ 구슬김밥(genesiskorea. co.kr)'도 밥을 구슬 모양으로 만들어 시선을 끌고 있다.

생맥주 전문점 '가르텐비어(garten.co.kr)'는 파이프를 통해 고객이 맥주를 직접 따라 먹을 수 있게 했다. 이것은 테이블 위에 냉각 홀더를 설치했기에 가능했던 일이다. 또한 특별 이벤트로 생일인 사람이 맥주를 한 번에 다 마시면 안주를 무료로 제공하기도 한다.

이와 같은 유머 마케팅은 효과도 좋지만 비용도 저렴하다는 장점이 있다. 또한 어느 분야에나 접목이 가능하고, 효과 또한 기대되는 마케팅 기법이다.


### ③ '보통'의 반대는?

중국음식점을 하는 민규의 아들이 국어 시험을 보고 집에 돌아오자 엄마가 물었다.

엄마: 오늘 시험 잘 봤니?

아들: 한 개 빼고 다 맞았어요.

엄마: 그래? 무슨 문제를 틀렸는데?

아들: 보통의 반대가 뭐냐는 문제였어요.

엄마: 뭐라고 썼기에 틀린 거야?

아들: 곱빼기요.

### ③ 어느 구두닦이의 이벤트

경기가 나빠지자 사람들이 구두를 집에서 닦았다. 그러다
보니 구두 수선집의 매출이 떨어지기 시작했다. 위기 극복
을 위해 구두닦이가 아이디어를 낸 다음 안내문을 붙여 놓
았다.

'모든 고객 분들의 구두 한 짝을 무료로 닦아 드립니다.'

그는 들어오는 사람들을 맞으며 웃으면서 말했다.

"나머지 한 짝은 3천 원입니다."

고객을 즐겁게 해 줘야 매출이 올라간다. 웃음은 비즈니스에
서 가장 기본적인 두 가지, 매출을 늘리고 비용을 줄여서 손익
결산을 흑자로 만들기 때문이다. 그래서인 요즘의 TV 광고는 앞
다투어서 재미있는 광고를 만드느라 혈안이 되어 있는 것 같다.

그럴 수밖에 없는 것이 재미가 있어야 광고를 보고, 그렇게 인
지된 회사와 제품이 마치 우리 삶의 일부처럼 느껴지기 때문이
다. 재미가 없으면 사람들은 보지도 않지만, 설사 봤더라도 기
억도 하지 못한다.

따라서 우리는 웃음을 비즈니스의 손익 결산을 위한 도구로
생각하도록 사고방식을 전환해야 한다. 자동차를 좀 더 부드럽

고 능률적으로 달리게 만드는 윤활유처럼 '웃음'은 우리가 효과적으로 고객들을 만날 수 있도록 도와주는 '윤활유'인 것이다.

유머의 대가 조엘 굿맨은 "재미란 손익 결산과 눈가의 주름살의 수가 일치하는 것."이라고 말한다. 웃음이라는 도구는 삶을 살아 볼 만하게 만들고, 일을 더 재미있게 하면서 돈이 들어오게 한다.

어떤 이는 "아무리 먼 길이라도 즐거운 여행은 한 번 웃는 것으로 시작한다."고 말한다. 사람을 만나기 전에 입을 크게 벌려 힘차게 한 번 웃어 보자. 그런 다음 환하게 웃는 자신의 얼굴을 떠올려 보자. 그리고 상대방의 환한 미소를 머릿속에 그리면서 출발하면 웃음의 놀라운 효과를 실감할 수 있을 것이다.

영업사원이 고객을 만날 경우, 반드시 좋은 일만 있는 것은 아니다. 간혹 계약을 취소하거나 구입한 물품을 반품하겠다는 고객을 만날 때가 있는데, 이때 시시비비를 가리다가 감정싸움이 일어나기도 한다.

이때 원칙만을 고수하는 영업사원은 다시는 볼일이 없을 것처럼 극단적으로 대응하여 관계를 악화시키는 경우가 적지 않다. 하지만 유머 감각이 있는 영업사원은 재치 있는 유머로써 여유 있게 대응하여 파기된 계약을 다시 성사시키거나 훗날을 기약하는 잠재 고객으로 관계를 호전시키기도 한다.

이것이 기업에서 유머 있는 사람을 뽑는 이유가 아닐까 싶다.

웃는 사람이 성공한다

유연함과 융통성은 어떤 일을 하거나 적응력을 높여 주는 성공의 필수 요소이며, 유머를 통해 성취할 수 있다.

### ☺ 왜 말렸어?

택시 기사가 하루는 늦은 밤에 술 취한 손님을 태웠다. 손님은 감기에 걸렸는지 택시에 타자마자 주머니에서 휴지를 꺼내 계속 코를 풀어 댔다. 그런데 코 푼 휴지를 택시 바닥에 자꾸 버리자 기사는 기분이 좋지 않았다. 그는 참다못해 한 마디 했다.

"손님, 이제 그만 푸시죠!"

그러자 손님은 코 풀기를 중단했다. 택시는 그로부터 20분 후에 목적지에 도착했다. 손님이 내린 뒤 바닥에 버린 휴지를 버리려고 보니, 손님이 코를 푼 종이는 모두 만 원짜리 지폐였다. 기사는 자기 머리를 쥐어박으면서 이렇게 말했다.

"끝까지 코를 풀게 했으면 50만 원은 됐을 텐데."

택시 기사에게 승객 위주의 서비스 정신이 있었다면 코를 푸는 손님을 그대로 두었을 테고, 손님이 내린 뒤 그는 자신의 친절에 충분한 보상을 받았을 텐데 안타까운 일이다. 물론 웃자고 만들어진 말이지만, 택시 기사들이 좀 더 친절해져야 하는 건 사실이다. 감기 때문에 고생하는 손님에게 "손님, 감기가 심해서 고생하십니다. 약은 드셨습니까?"라든지 손님이 내릴 때 "몸 조리 잘하십시오."라고 말해 줄 수 있었다면, 손님의 기분은 얼마나 훈훈했을까?

고객 만족과 서비스 정신이란 일차적으론 수익과 상관없이도 고객을 배려하고 편하게 해 주는 데에 있다. 그러나 택시 기사 한 명 한 명의 서비스 정신이 모여져 택시 기사에 대한 인식이 달라지고, 그게 다시 택시 기사들의 이미지에 긍정적인 영향을 미치고 나아가 택시 기사들의 처우 개선에도 작용할 수 있다.

"지금 내리면 다신 안 보게 될 승객인데…." 하는 생각들이 서비스의 질을 떨어뜨리고 그게 다시 택시 기사들에 대한 부정적인 이미지로 굳혀진다. 고객과 즐겁게 교류한다는 건 그래서 모두에게 매우 중요한 가치이다.

하루는 지인이 맛있다고 하는 설렁탕 전문식당을 소개해 줘서 먹으러 간 일이 있었다. 거기엔 이런 글이 적혀 있었다.

### ㉛ 외상 10대 조건
- 인적 및 학력증명서
- 주민등록등본 1통
- 인감증명서
- 재산세납부증명서
- 건강검진 확인서

웃는 사람이 성공한다

- 근로소득원천징수 영수증
- 생활기록부
- 보증인 3명
- 가족 동의서
- 외상 상환 계획서

(위 서류 미비 시 외상 사절입니다.)


이걸 보면서 다들 웃음을 터뜨린다. 식당에서 외상을 주지 않겠다는 건데 불쾌하게 생각하는 사람이 아무도 없다. 같은 이야기라도 표현하는 방법이 유머러스하기 때문이다. "저희 식당은 외상을 주지 않습니다."라든가 "외상 사절"이라고 달랑 적어 놓았다면 손님들은 왠지 모르게 삭막함을 느꼈을지도 모른다. '거절'과 '거부'는 원래 반감이 따르는 법이다. 그러나 '외상 10대 조건'이라는 재미있는 문구를 통하여 손님들에게 부드럽게 '거절'의 의사를 밝히고 있다. Yes와 No에도 기술이 필요한 게 마케팅의 법칙이다.



## 영업을 잘하는 방법


비법이 따로 있겠는가. 영업 잘하는 사람을 모방하면서 배우면 된다. 사람을 대하는 태도, 영업하는 마인드, 영업하는 기술, 영업할 때 쓰는 말, 영업할 때 입는 옷 등 자기 스타일이랑 맞는 사람을 정해서 그 사람을 완벽하게 닮으려고 노력하면 된다.

잘하는 사람을 따라 하는 벤치마킹하는 방법만큼 좋은 것은 없다. 당연히 그 밑바탕에는 열정이 깔려 있어야 한다. 열정은 비전에서 나온다. 자신이 하고 있는 일에 대해 정확히 알고, 열심히 일하면 자신이 원하는 수익이 나올 거라는 믿음 말이다.

그러기 위해서는 자신이 하는 일에 대해서 철저하게 연구하고 공부해야 한다. 비전을 정확히 알수록 비전이 명확해지기 때문이다. 일하면서 '어떻게 하면 고객을 즐겁게 할 수 있을까?'만을 생각한다면 짜장면 배달을 해도 그것을 인생의 밑바닥이라 생각하지 않고 밑바탕으로 만들 수 있는 것이다.

### ⏰ 어느 짜장면집 매출의 비결

짜장면집 하루 매출을 30만 원에서 90만 원으로 올린 사람이 있다. 그 비결을 물으니 별것 아니라고 말한다.

어느 날 어떻게 하면 고객을 즐겁게 할 수 있을까를 궁리하던 중에 한 아파트에 배달을 갔는데, 문득 아파트 현관에 제멋대로 널려 있는 신발들이 눈에 들어왔다는 것이다. 그래서 신발을 정리해 주면 고객이 좋아할 것 같아서 신발을 가지런하게 정리했다고 한다.

웃는 사람이 성공한다

처음 집에서 좋아하기에 배달 가는 집마다 10초 정도를 투자해서 신발을 정리해 주었더니 한 달도 되지 않아 아파트 단지에서 '사람의 마음을 잡는 짜장면집'으로 유명해지고 아줌마들의 입소문을 탔다고 한다.

거기에 덧붙여 배달할 때마다 유머를 한 개씩 외워서 전해주었더니 거의 주문이 폭발적으로 늘어나 즐거운 난리가 났다는 것이다.

### ③ 기름뿐 아니라 웃음도 사는 주유소

군산에 있는 로얄주유소는 신문과 방송에 여러 번 소개되었는데, 주유소에 들어가면 제일 먼저 맞이하는 글귀가 있다.

'주유원이 불친절하시다면 가까운 경찰서나 군부대에 신고하세요.'

'외상 시에는 다음과 같은 서류가 필요합니다. 이장님 친필 추천서, 관할파출소 소장님 추천서, 초등학교 성적표, 건강 진단서, 고교 내신 성적 2등급 이상.'

유머 감각이 풍부한 주유소의 정상민 소장의 아이디어라고 하는데, 문구 하나하나가 사람의 마음을 무장 해제시킨다.

"고객은 기름을 삽니다. 하지만 말은 안 해도 웃음도 사고 싶어 하고 즐거움이나 재미도 사고 싶어 합니다. 진정한 경쟁력은 가격에 있는 것이 아니라 고객을 즐겁게 하는 능력에 있습니다.”

주유소에 다양한 유머 멘트를 곳곳에 붙였더니 3개월 만에 매출이 30% 가까이 올랐다고 한다.

사람은 95%의 이성으로 판단하지만 선택은 5%의 감성으로 한다고 한다. 이처럼 선택하는 데 절대적인 영향력을 미치는 감성은 즐거움과 재미에 의해 움직이는 경우가 적지 않다.

지하철을 타면 많은 잡상인을 만난다. 한 사람이 팔고 지나가면 이어서 다른 상인이 들어와 선전을 하는데, 같은 물건이라도 잘 파는 사람이 있는가 하면 하나도 못 파는 사람도 있다. 고객의 마음을 잡느냐 아니냐가 이를 판가름하는 것이다. 어떻게 하면 고객을 즐겁게 해 줄 수 있을까를 생각하면 금방 해답이 나온다.

금세기 최고의 동기부여가 앤서니 라빈스는 “즐거움은 최고의 에너지이며, 즐거움은 모든 것을 변화시킨다.”고 말한다. 만고의 진리다. 자신이 목석같다고 생각되는 사람들은 한번 새겨 보길 바란다.

### ③ 면접자가 앉고 싶은 자리

시험관이 물었다.

“자넨 어떤 자리에 앉고 싶은가?”

웃는 사람이 성공한다

"이사님 자리에 앉고 싶습니다."

"자네, 미쳤나?"

"아니, 미쳐야 그 자리에 앉는 겁니까?

요즘은 워낙 기술이 발달하여 제품에는 별 차이가 없다. 그래서인지 고객은 제품에 대한 특징을 말하기도 전에 "알고 있어요." 하면서 문을 닫는 경우가 대부분이다.

"판매는 거절로부터 시작된다."는 것은 레타맨의 명언이다. 이 말은 판매에는 반드시 거절이 있게 마련이므로, 거절을 당했더라도 실망하거나 당황하지 말라는 것이다. 오히려 거절을 하면 가능성이 있는 고객이라고 생각하고, 거절 자체를 환영할 수 있는 마음가짐으로 접근해야 한다는 뜻이다.

업계의 판매전이 날로 격심해지고 있어서 자신만의 독특한 영업 전략을 세우지 않고서는 시장에서 살아남을 수 없다. 이를 바로 인식하고 대처해야 하는데, 고객에게 다가갈 때 '유머'를 활용해 보면 어떨까.

「일본경제신문」에서 잘나가는 영업사원들의 영업 화술을 조사한 결과는 다음과 같다.

1위: 무조건 상대방의 이야기를 듣는다.

2위: 업무 외 이야기 80%, 일 이야기 20%로 먼저 자신을 좋아하게 만든다.

3위: 상대방의 연령층에 맞는 말로 이야기한다.

4위: 좋은 점을 찾아서 칭찬한다.

말을 잘하는 것이 핵심 경쟁력으로 생각되는 영업에서도 말을 잘하는 것보다는 잘 들어 주는 것이 더 효과적임을 알 수 있다. 상대방에게 많이 말하게 할수록, 내가 상대방의 말을 들어 주는 시간이 길면 길수록 상대방은 당신을 좋아하게 되는 것이다. 다른 사람의 말을 잘 들어 주는 것이 잘 파는 지름길이며, 결국 잘 들어 주는 것이 말을 잘하는 것이다.

### 1) 고객의 마음을 여는 방법

"내가 하는 일은 고객에게 물건을 파는 게 아니라 호감, 다시 말해 단골손님에 대한 긍정적인 태도를 창조하는 것이다."라는 폴 스톤의 말을 새겨 보면서, 고객의 마음을 열기 위해서 어떻게 해야 하는지를 생각해 보자.

철강왕 카네기는 영국의 스코틀랜드에서 가난한 직조공의 아들로 태어나 1848년에 미국의 펜실베이니아주로 이주한 뒤 방적공, 배달원, 세일즈 등 많은 직업을 전전하였다. 그러다 1865년 철강업을 경영하기 시작하였고 1972년에 홈스테드 제강소를 건설하였다.

웃는 사람이 성공한다

그는 1870년대부터 미국 산업계에 일기 시작한 기업 합동의 붐을 타고, 피츠버그의 제강소를 중심으로 하는 석탄·철광석·광석 운반용 철도·선박 등에 걸치는 하나의 대철강 트러스트를 형성하여 막강한 부를 축적할 수 있었다. 만년에는 재산을 사회에 환원하는 차원에서 교육과 문화 사업에 전념하였다.

한때 세일즈를 했던 카네기는 고객과의 커뮤니케이션을 세일즈에서 가장 중요한 요소라고 말한다. 카네기가 처음 세일즈에 뛰어든 건 국제통신학교의 통신강좌를 사람들에게 세일즈하는 일이었다. 그는 일일이 사람을 찾아다니면서 통신강좌를 판매하는 게 효율적이지 않다는 걸 알았다. 그즈음 내셔널 비스킷사의 한 베테랑 영업사원한테서, 사람들이 늘 필요로 하는 상품이 잘 팔린다는 충고를 들었다.

그는 통신강좌 세일즈를 그만두고 오마하의 아머 엔드 컴퍼니라는 통조림 고기를 파는 회사에 입사했다. 그는 사람들과 대화를 나누고 설득하는 데 천무적인 재능이 있었으므로 얼마 안 가 아머사의 유능한 세일즈맨이 되었다. 다음은 카네기의 세일즈 기술이다.

- 자신 있게 행동하라.
- 고객에게 간절한 욕망을 심어 주어라.
- 생생하게 전달하라.

- 재미있는 이야기꾼이 되라.
- 훌륭한 연기자가 되라.
- 내가 세일즈맨이라는 사실을 잊지 마라.
- 복장은 단정하게 유지한다.
- 솔직한 태도를 취한다.
- 고객의 사무실을 방문하게 되면 주위를 살펴 공감대를 끌어 낸다.
- 고객에 대하여 사전 정보를 많이 공부해 둔다.
- 고객이 이야기할 때에는 경청하고 그의 시선을 응시하며 고개를 끄덕여 준다.
- 고객의 이야기를 듣고 난 후에는 잊지 말고 그 내용을 다시 확인해 준다.
- 고객과 논쟁을 벌여서는 안 된다.
- 고객을 신뢰하라.
- 세일즈에 연연한 인상을 주지 마라.

카네기는 성공적인 세일즈의 기술로 고객과의 즐거운 대화를 꼽는다. 세계 최고의 세일즈 전문가들이 한결같이 고객을 즐겁게 만들어야 지갑이 열린다는 걸 강조한 것이다. 고객을 웃게 하면 당신도 웃게 된다는 사실을 명심하라.

2) 고객에게 신뢰감을 주는 이미지를 팔아야 한다

말을 잘한다고 해서 다 판매를 잘하는 것은 아니다. 말을 어설프게 해도 진실성이 엿보인다면, 고객은 이미 알고 제품의 필요성을 알고 구매하고 싶어 할 것이다.

• 전문가로서 지식과 경험이 풍부해야 한다

우선 판매하고 있는 제품을 먼저 써 봐라. 그런 다음 어떤 점이 좋은지 어떤 점이 불편한지를 확실하게 인식한 후 설명해 주도록 한다.

• 제품에 대한 장점을 설명하라

제품의 특징보다 제품에 대한 장점을 설명하는 것이 훨씬 효과적이다. 기능에 비해 저렴한 가격을 부각시켜 주는 것도 한 방법이다.

• 정직하게 말하고, 거짓말은 절대 하지 않는다

판매할 때 조금 과장되게 말할 수는 있겠지만, 적어도 없는 말을 해서는 안 된다. 물건을 파는 것보다 자신을 파는 것이므로, 정직한 이미지를 고객에게 심어 주는 것이 훨씬 중요하다.

• 다른 회사의 제품을 비방하지 않는다

자기 제품 팔겠다고 다른 회사의 제품을 비방하면, 오히려 고객에게 반발심이 들게 하여 역효과가 날 수 있다. 다른 회사 제품의 장점을 인정하면서

도 자기가 판매하는 물건의 장점을 부각시키려는 노력을 할 때, 고객에게
호감을 줄 수 있는 것이다.

- **고객에게 알아듣기 쉽게 설명하라**

설명을 다 들었다고 해서 모든 고객이 구매하는 것은 아니다. 판매한다는
생각보다 고객에게 필요한 정보를 준다는 마음자세가 필요하다. 따라서
고객에게 어려운 말로 설명하지 말고, 알아듣기 쉽게 설명해야 한다. 고객
의 심리를 미리 파악하고, 고객을 존중하는 마음으로 여유 있게 말하는 것
이야말로 고객을 만족시키는 첫걸음이다.

## 3) 칭찬은 돌아섰던 고객도 돌아오게 한다

칭찬과 격려의 말 한마디는 절망 속에 빠진 사람에게 희망을
안겨 주고 조직도 살린다. 하지만 우리는 비난과 비방은 쉽게
하면서도 칭찬에는 너무 인색한 면이 있다.

인터넷에선 하루에도 수많은 비방 글들과 댓글이 올라온다.
자신의 일이 아니라고, 무책임한 글들을 아무 죄책감 없이 남긴
글들이 여기저기 보인다.

그러나 무조건적인 공격과 폭언은 결코 용납될 수도, 용서될
수도 없다. 얼굴이 보이지 않는 사이버상에서는 더욱더 서로 존
중하고 예의를 갖출 필요가 있다. 막무가내식의 비방과 욕설이
난무하는 사이버 공간은 더 이상 소통의 통로가 아니라 격동의

장이 될 뿐이다.

무심코 올린 글이 바로 자신이 가진 양심의 모습이라는 것을 한 번만 생각한다면, 그렇게 아무렇지 않게 무책임한 말을 올릴 수는 없을 것이다. 자신의 말 한마디로 누군가가 상처를 받고 심지어는 죽음에 이르는 사람들까지 생긴다는 것을 자각하여 보다 신중해지면 어떨까.

다중의 공간을 쓸데없는 비방과 욕설로 얼룩지게 하지 말고 칭찬과 격려로 가득 채우면, 우리가 사는 세상이 제법 괜찮고 그래도 살 만하다고 느껴질 텐데 안타깝기 그지없다.

칭찬은 돈도 들지 않는다. 남을 비방하고 욕하는 데 앞장설 것이 아니라, 서로를 격려하고 희망을 줄 수 있는 말을 하여 서로에게 힘이 되어 주면 어떨까. 칭찬에는 한 사람의 인생을 바꿔 주는 힘이 있을 뿐만 아니라, 조직에도 힘을 불어넣어 주는 강력한 자산이 된다.


4) 고객을 대할 때 지켜야 할 원칙

- 고객을 대할 때 '무엇이든 남에게 대접받고 싶은 대로 행하라.'는 황금률을 따른다.
- 고객의 우정과 신뢰야말로 무엇보다 중요한 자산이므로 반드시 지킨다.
- 말하는 것보다 듣는 것이 중요하다. 귀를 기울이면 고객에

게서 새로운 아이디어를 얻을 수 있다.

– 도움이 된다고 확신할 수 없는 것은 어떤 것도 팔지 않는다.

– 잘못을 했으면 사과하고, 꾸밈없이 진실대로 말하며, 변명
하지 말고 즉시 시정한다.

– 고객과 자주 연락하며 지낸다. 고객의 의견을 마음 깊이 새
긴다.


## 5) 돈 주고도 살 수 없는 것

– 약속을 지키는 것.

– 비밀을 지키는 것.

– 꿈을 나누는 것.

– 사랑하는 사람에게 좋아하는 꽃을 보내는 것.

– 남에게도 마지막 한마디를 할 기회를 주는 것.

– 미소를 미소로 갚는 것.

– 남이 즐겨하는 얘기를 또 듣고 또다시 웃어 주는 것.

– 사람들이 줄 서 있을 때 자기 앞에 남을 끼워 주는 것.

– 어린애의 말에 귀 기울이는 것.

– 어른 말도 들어 주는 것.

– 좋아하는 사람에게 칭찬의 말을 해 주는 것.

– 싫어하는 사람에게도 칭찬의 말을 해 주는 것.

웃는 사람이 성공한다

## ☻ 내가 졌다

철수와 민수가 서로 자기 부모 자랑을 하고 있었다.

철수: 우리 아빠가 너희 아빠보다 더 나아!

민수: 좋아. 하지만 우리 엄마는 너희 엄마보다 훨씬 더 낫다.

철수: 내가 졌다. 우리 아빠도 그렇게 말씀하셨거든. 너희
엄마가 훨씬 더 낫다고.

## ☻ 할머니의 영어 실력

병원에서 의사가 할머니의 신경 검사를 하기 위해 손가락
두 개를 펴 보이며 물었다.

"할머니, 이거 몇 개예요?"

"핑거 두 개."

"우아! 할머니 영어 잘하시네요."

"잘하긴 뭘 잘해? 핑거 두 개, 구부링 거 세 개."

## 일을 즐기면 고객도 좋아한다

　미국의 작가 마크 트웨인(Mark Twain)이 지은 『톰 소여의 모험』
은 미국의 미시시피 강변을 배경으로, 장난꾸러기 소년 톰과 그
의 친구들이 여러 가지 모험을 하며 보물을 찾아내는 이야기를

재미있게 묘사한 장편소설이다.

이 작품에는 '신나는 울타리 칠하기' 장면이 나온다. 말썽꾸러기 톰이 폴리 이모에게서 벌을 받게 되는데, 그것은 긴 울타리를 칠하는 것이었다. 톰이 울타리를 한참 동안 칠하고 있는데 그를 약 올리려고 친구들이 하나둘씩 나타났다. 이때 톰은 힘들어하는 표정 하나 없이 너무나 재미있다는 듯 휘파람을 불면서 칠을 하기 시작한다.

물론 톰이 '잔꾀'를 부린 것이다. 울타리 칠하는 일이 아주 재미있으면서 특별한 일이고 아무에게나 주어지지 않는 일인 것처럼 그들에게 비춰지게 하기 위함이었다.

"이 페인트칠, 아무나 하는 게 아냐."

친구들은 톰에게 자기가 아끼던 딱지며 구슬 등을 기꺼이 바치면서까지 칠을 하고 싶어 안달을 한다.

"나도 한번 해 볼게. 한 번만!"

마침내 톰은 울타리 칠을 그다지 힘들이지 않고 잘 마무리했을 뿐만 아니라 자신이 평소 갖고 싶었던 것까지 얻게 된다.

톰의 '잔꾀'로부터 우리가 배울 수 있는 것은 무엇일까? 일을 하기 싫은 노역으로 생각하지 않고 재미있는 놀이로 생각하다 보니 일도 쉽게 마무리되고 의외의 성과까지 거둘 수 있었다는 것이다.

"나는 단 하루도 일한 적이 없다. 항상 즐겼을 뿐이다."

웃는 사람이 성공한다

이 말은 그 유명한 토머스 에디슨의 말이다.


### 1) 유머 경영의 핵심은 '즐거운 일터 만들기'다

즐거운 마음으로 일을 하느냐, 하기 싫은 일을 억지로 하느냐에 따라 일의 결과가 판이하게 달라진다고 한다. 리더들이 이점을 유념하고 조금만 마음을 써 준다면, 일의 효율은 저절로 올라가지 않을까 싶다.

미국의 저명한 유머 경영 컨설턴트인 매트 웨인스 타인(Matt Weinstein)은 "일에서 재미를 찾으라는 말은 사람들에게 인간성을 찾으라는 말과 같은 의미이다."라면서, '당신의 일은 재미있습니까?'라는 질문이 일터에서 반드시 이루어져야 한다고 역설한다.

경영과 리더십에 있어서 유머의 효능과 힘을 새롭게 인식하여 건강하고 활기찬 직장으로 탈바꿈하면 그곳이 바로 모든 샐러리맨들이 꿈꾸는 스트레스를 덜 받는 직장, 일하는 것이 즐거운 직장이 되지 않을까.


### ㉛ 돈을 내지 않고 짜장면을 먹을 수 있는 방법

모 회사의 면접시험에 남자 3명과 여자 1명이 최종적으로 남았다.

사장이 직접 이들을 데리고 중국음식점으로 갔다. 그리고는 짜장면 한 그릇만 달랑 시켜 놓고 말했다.

"자, 여기 짜장면이 한 그릇 있네. 자네들이 돈을 내지 않고
나와 함께 이 짜장면을 먹을 수 있는 방법을 말해 보게."

첫 번째 남자가 말했다.

"똑같이 젓가락을 들고 뺏어 먹겠습니다."

두 번째 남자가 말했다.

"전, 사장님이 남긴 것을 먹겠습니다."

세 번째 남자가 말했다.

"사장님이 흘리신 것을 먹겠습니다."

그리고 마지막으로 남은 여자가 이렇게 말했다.

"사장님, 다 드시고 입 닦지 마세요. 제가 대신…."


이 회사에서 보고자 한 것은 얼마나 재치 있는 대답을 하느냐
는 점이었다. 주어진 틀을 지키는 것도 중요하지만, 사고의 유
연성이야말로 생산성을 높이는 데 중요한 몫을 하는 요소이기
때문이다.

또 다른 회사에서는 면접할 때 이런 질문을 했다.

"당신이 지금 부산을 가는데 자가용, 비행기, KTX 중에서 어
느 방법으로 가는 게 가장 빨리 가는 방법일까요?"

회사가 원하는 대답은 '마음에 맞는 사람과 가는 방법'이었다.
그런데 이 대답을 한 사람은 단 한 사람뿐이었다고 한다.

신입 사원뿐만 아니라 기존에 일하고 있는 직원들도 고정관념

웃는 사람이 성공한다

에서 벗어나지 못한 채 그동안 해 오던 일을 그대로 답습하는 경우가 많다. 이런 사람들은 대개 주어진 일은 무난하게 잘하지만, 창의력이 부족하여 한 단계 도약하는 데는 걸림돌이 될 소지가 많다.

기발하고 획기적인 사고력을 가진 사람들, 순발력도 뛰어나고 유머 감각도 탁월한 사람들이 많으면 조직의 분위기가 확 달라질 수 있다. 회사의 입장에서 창의적인 사고를 하는 직원이 회사에 도움이 되는 인재라고 생각한다면, 리더가 먼저 그런 마인드를 가져야 한다. 그래야만 창의적인 사고를 하는 인재를 뽑고 키울 수 있기 때문이다.

### 2) 유머 전략도 성실한 프로 근성과 합쳐져야 성공한다

세계 최고의 자동차 판매왕으로 이름을 날린 조 지라드는 지금도 세계의 수많은 영업사원들에게 전설적인 존재이다. 그는 1928년에 디트로이트시의 빈민가에서 태어나 구두닦이를 시작으로 35세까지 40여 개의 직업을 전전하다가 살기 위한 방편으로 세일즈를 하게 되었다. 그 후 기네스북에 오를 정도로 세계 최대의 판매왕이 되었다. 현재는 '세일즈 트레이닝 스쿨'을 경영하고 있다.

그는 웃음의 위력을 과소평가하는 세일즈맨은 결코 성공할 수 없다고 말하며 "인간에게 얼굴이 있는 것은 먹기 위해서나 세수하기 위해서도 아니며 면도하기 위해서도 아닌 오직 웃기 위해서이다."라고 할 정도로 웃음예찬론자이다. 특히 세일즈를 하는 사람들은 늘 웃음을 잃지 않아야 하고 고객에게 웃음을 주어야 한다고 말한다. 그는 웃어야 하는 이유에 대해 이렇게 말한다.

"사실 웃고 싶지 않을 때 웃으라고 하는 건 상당히 힘든 일이다. 그것도 습관이다. 웃음이 정말 필요한 것은 고단한 때 더욱 효과적이다. 자신의 웃는 모습 때문에 다른 사람도 피곤이 풀리고 자신도 더욱 밝아진 얼굴을 한다면 그것처럼 좋은 보약은 없다."

조 지라드는 세일즈의 기술에서 '대화의 기술'을 강조하고 있으며 무엇보다도 고객에게 웃음을 끌어낼 수 있어야 한다고 말한다. 그가 말하는 '웃음을 끌어내는 비결'은 다음과 같다.

- 조화롭게 웃긴다.
- 가시가 돋친 야유는 삼간다.
- 공포를 웃음으로 바꿔 본다.
- 착오를 웃음으로 바꿔 본다.
- 마음의 여유를 잃지 않는다.
- 미소로 호의를 보인다.
- 유머를 적절히 사용한다.
- 웃음 제조기가 된다.

웃는 사람이 성공한다

- 실수도 되풀이하면 웃길 수 있다.

세일즈 기술에는 웃음 전략만이 필요한 건 아니다. 판매왕 10 연패를 달성한 박노진 씨는 28년 동안 자동차를 4,378대나 팔았다. 일요일을 제외하면 한 달 평균 13대, 이틀에 한 대 꼴로 차를 판 셈이다.

그는 신규 고객 발굴을 위해 매일 아침 신문 경제면을 꼼꼼히 읽으면서 체크를 했다고 한다. 아무리 불경기라도 호황 업종은 있기 때문이다. 그는 장사가 잘되는 가게 주인들이 바빠서 아는 척도 해 주지 않아도 계속 찾아가 명함을 돌리는데, 그러다 보면 언젠가는 찾게 된다고 한다. 그는 특히 비가 오거나 눈이 올 때를 놓치지 않는데, 궂은 날씨에도 불구하고 방문한 영업사원을 거절하기가 쉽지 않기 때문이다.

그의 세일즈 노하우는 의외로 먼 데 있지 않았다. 그는 "좌우지간 가라, 만나라, 얘기하라. 한 군데 퇴짜를 맞으면 반드시 두 군데 방문하는 근성을 발휘한다. 바람이 잘 불면 바람개비가 저절로 돌아가지만, 바람이 없으면 내가 뛰면서 바람개비를 돌려야 한다."고 말한다. 유머 전략도 결국은 성실한 프로 근성과 합쳐져야 성공할 수 있다.

# 무조건 웃자,
# 내가 먼저 웃자

두 번째 책을 낸 지 수년이 되다 보니, 여기저기서 책을 왜 안 쓰냐는 독촉이 심했다. 이곳저곳 돌아다니며 학교 강의를 하며 바쁘게 일하다 보니 세월이 가는 줄도 몰랐다.

이 책을 쓸 때 가장 신경 쓴 점이 있다면, 품격을 지키면서 나도 웃고 상대도 웃는 유머를 위주로 표현하고자 했다는 것이다. 이 책을 읽는 분들에게 묻고 싶다. "왜 유머를 배우고 싶은가?"

목적이 분명해야 한다. 사람은 하루에도 수없는 말을 한다. 그렇게 말을 함에 있어서 유머는 윤활유 역할을 하고 대화를 좀 더 즐겁게 만든다. 유머를 잘 섞어서 대화하는 당신을 누구나 좋아할 것이다.

인상 쓰고 산다고 상황은 달라지지 않는다. 내가 늘 말해 왔듯이 힘들어도 웃고 화내도 웃고 그냥 웃자. 웃는 데는 이유가 없다. 지금까지 인상을 써 와도 안 되는 일은 안 되지 않았던가? 모두가 행복해지기를 바라는 사람으로서의 배려라는 생각으로 오늘부터라도 많이 웃길 바란다. 그래야 살 수 있는 힘이 생긴다.

유머를 못해서 스트레스 받는 사람도 있을 것이다. 유머는 책만 많이 읽는다고 될 일이 아니다. 자꾸 활용해야 내 것이 된다. 유머를 했는데 아무도 반응이 없으면 얼마나 머쓱하고 썰렁하겠는가? 그러니 남이 유머를 하면 무조건 웃어 주어라. 그렇다고 나에게 어떤 피해가 오는 것도 아니니 말이다.

'웃기는 것'에 집착하지 말고 조금씩 구사해 보자. 이 책이 도와줄 것이다. 오늘부터 웃음의 바다에 푹 빠져 보자. 웃자, 무조건 웃자. 그리고 내가 먼저 웃자. 그래서 함께 웃음 넘치는 행복한 세상을 만들어 보자.

최원호

## 참고문헌

- 오익재, 『편 경영』, 서울: 월간조선사, 2006
- 오홍석, 『리더십과 커뮤니케이션이 자원봉사조직의 운영 효과에 미치는 영향에 관한 연구』, 지역사회개발학술지, 2001
- 이연재, 『편(Fun)경영과 편 리더십 행동이 직무 태도에 미치는 영향에 관한 연구』, 서울벤처정보대학원대학교 박사학위 논문, 2007
- 이재선, 『청소년의 유머 감각과 유머스타일이 스트레스 대처 방식 및 건강에 미치는 영향』, 명지대학교 대학원 박사학위 논문, 2005
- 이종남·전미향, 『호텔종사원이 지각하는 유머 감각이 직무스트레스와 이직 성향에 미치는 영향』, 문화관광연구, 2006
- 박인옥·최원호 『유머로 리드하라』, bookin출판사, 2011
- 이요셉, 『인생을 바꾸는 웃음전략』, 서울:지식나무
- 이임선, 『웃음치료가 암환자의 불안과 우울에 미치는 효과성』, 서울사회복지대학원대학교, 석사학위논문, 2008
- 이임선, 『웃음치료』, 서울: 하남출판사, 2010
- 최원호, 『성인의 자아존중감과 삶의 만족도에 대한 편 리더십 교육의 효과성 검증』, 명지대학교 대학원 석사학위 논문, 2012
- 최원호, 『편편한 소통』, 도서출판 한비미디어, 2013
- 강재진, 『코리아 패션+텍스 뉴스』, 2016
- August(2018) - 이달의 CEO